Feierabendküche ohne Reue

E D I T H   K U B I E N A
Fotografie: Paul Kolp

Feierabendküche ohne Reue

80 schlanke Abendessen für den gesunden Genuss

VERLAG GEBRÜDER KORNMAYER

© 2012
2. Auflage 2013
Verlag Gebrüder Kornmayer, Dreieich
ISBN 978-3-942051-37-8
www.kornmayer-verlag.de

Autorin: Edith Kubiena
Fotografie: Paul Kolp
weitere Bilder (Warenkunde),
Satz/Layout: Evert Kornmayer
Lektorat: Angelika Radloff
Druck: Gorenjski tisk storitve, Slowenien

Deutsche Bibliothek — CIP-Einheitsaufnahme. Ein
Titelsatz dieser Publikation ist bei der Deutschen
Bibliothek (Frankfurt) erhältlich.

Edith Kubiena

5

Inhalt

Vorwort

Ihr Tag war arbeitsreich und hektisch?
Ein guter Grund, einen kulinarischen Schlusspunkt darunterzusetzen! Belohnen Sie sich mit einem genussvollen Abendessen – einfach in der Zubereitung, aber dennoch mit einem Pfiff Raffinesse soll es Gaumenfreude und Augenschmaus zugleich sein. (Bei nahezu allen Rezepten beträgt der Arbeitsaufwand in der Küche ohne Garzeiten etwa 15 Minuten.)

Stellen Sie sich Ihren Alltag wie zwei Waagschalen vor: In der einen liegen die Aufgaben und Pflichten, und in der anderen befinden sich die Entspannung, die Liebe, der Ausgleich und der Genuss. Wenn diese beiden Schalen in der Waage sind, dann fühlen wir uns wohl.

Wenn Sie nun mit einer Diät beginnen, die Ihnen feste Regeln vorschreibt, wird der Genuss zur Pflicht und wandert von der einen Waagschale in die andere. So wie die Waagschalen dann unausgeglichen sind, so ist das auch mit Ihrem Wohlfühlfaktor. Dieses Buch soll Ihnen zeigen: Durch genussvolles Essen ohne Reue steigert sich Ihr Wohlbefinden.

Genuss ohne Reue

Verabschieden Sie sich von dem Irrglauben, Genuss und Gesundheit würden einander widersprechen. Mit schmackhaften und ausgewogen zusammengestellten Gerichten fühlen Sie sich nach dem Essen leicht und angenehm satt und haben gleichzeitig etwas Gutes für Ihre Gesundheit getan.

Eine dauerhaft gesunde Ernährungsweise ist mehr, als dem Körper Nährstoffe in jener Menge und Zusammensetzung zuzuführen, die er für ein optimales Funktionieren benötigt, denn „Essen hält Leib und Seele zusammen". Freude, Entspannung, Ruhe, Sattsein sind angenehme Empfindungen nach einem guten Essen. Die kann man täglich haben, wenn man sich mit wertvollen Produkten und wenig Aufwand ein Abendessen bereitet und es dann genüsslich in Ruhe verspeist.

Der Rezeptteil dieses Buches ist nach den vier Jahreszeiten gegliedert. Heimisches saisonales Gemüse wird verstärkt verwendet und in einem kurzen Warenkundeteil jeweils vorgestellt. Zudem nehmen die Zubereitungsarten und entsprechenden Gewürze Rücksicht auf jahreszeitlich bedingte unterschiedliche gesundheitliche Bedürfnisse (z. B. in Bezug auf die thermische Wirkung von Speisen).

Menschen, die immer öfter auf Fleisch verzichten möchten, aber keine ausgesprochenen Vegetarier sind, nennt man „Flexitarians". Für sie habe ich bei den meisten Fleisch- und Geflügelgerichten eine passende hochwertige vegetarische Alternative vorgeschlagen.

Der steigenden Zahl von Allergien und Unverträglichkeiten wird einerseits durch entsprechende Kennzeichnung der Gerichte (z. B. laktosefrei bzw. -arm, glutenfrei etc.) Rechnung getragen. Andererseits habe ich bei der Zusammenstellung bereits darauf geachtet, bei möglichst vielen Rezepten jene Zutaten zu vermeiden, die bei Allergien und Unverträglichkeiten problematisch sind. Genauso berücksichtigen die Rezepte die Problematiken erhöhter Blutfettwerte (Cholesterin, Triglyceride) und Diabetes Typ 2. Die Gerichte eignen sich auch besonders für all jene, die nach erfolgreicher Gewichtsabnahme im Rahmen einer Diät auf der Suche nach genussvollen und gesunden, den „Jojo-Effekt" ersparenden Rezepten sind.

Der Stellenwert des Abendessens

In meiner Beratungspraxis als Diätologin mache ich die Erfahrung, dass viele Menschen mit Ernährungs- und insbesondere Gewichtsproblemen mit der gängigen Empfehlung von fünf Mahlzeiten am Tag (oder auch alle drei Stunden zu essen) Probleme haben. Diese Empfehlung führt oft zu einem „Durch-den-Tag-Snacken", bei dem schon mal der Überblick darüber, was man alles über den Tag verteilt zu sich nimmt, verloren geht. Zudem geht die Bedeutung, die man der einzelnen Mahlzeit schenkt, zurück, das Essen passiert oft nebenbei, wird beiläufig. Es muss schnell gehen, der Griff zu „Fast-Food"-Angeboten wird verführerisch.

Darum rate ich meinen Klienten mit großem Erfolg, mit drei Mahlzeiten am Tag auszukommen. Dafür soll jede dieser Mahlzeiten hochwertiges Eiweiß, Gemüse, gute Fette und ausreichend Ballaststoffe enthalten.

Die Reduzierung auf drei Mahlzeiten hilft den meisten meiner Klienten auch, die einzelne Mahlzeit bewusster zu sich zu nehmen, sie zu genießen. Dieser Aspekt ist mir bei meiner Beratungstätigkeit sehr wichtig, ist er doch für eine anhaltende Ernährungsumstellung von großer Bedeutung.

Mit meinem Buch „Feierabendküche ohne Reue" möchte ich dazu anregen, dem Abendessen jenen gesunden Stellenwert zu geben, den es verdient.

Über die Verwendung dieses Buches

Alle Rezepte in diesem Buch stellen eine ausgewogene Kombination von saisonalem Gemüse mit einer hochwertigen Eiweißquelle dar. Die Rezepte sind kein Ernährungsprogramm, in das Sie fest eingebunden sind, das es „1:1" einzuhalten gilt und bei dem Sie Kalorien oder andere Einheiten abzählen müssen. Vielmehr können Sie selbstverständlich einzelne Rezepte herausgreifen oder die Reihenfolge verändern. Die Kennzeichnung bezüglich laktosefrei, kuhmilchfrei etc. bezieht sich auf das Rezept und nicht auf die Flexitarian-Variante.

So funktioniert die „Feierabendküche ohne Reue":

- Es gibt jeweils ein ausgewogenes Gericht.
- Alle Speisen enthalten ausreichend Eiweiß; dieses sättigt und regt den Stoffwechsel an.
- Gemüse ist schmackhaft, gesund und ein wichtiger Bestandteil der Saisonalität.
- Auf Kohlenhydrate oder ein Glas Wein muss nicht verzichtet werden; das entspannt und hält vom späteren Heißhunger auf Süßes ab.
- Es werden hochwertige Fette und Öle verwendet, sonst schmeckt's nicht!
- Auf Diät- und Lightprodukte wird völlig verzichtet.

Das Geheimnis liegt allein im richtigen Verhältnis und in der Qualität der Zutaten. Ganz wichtig sind der Genuss und die Zeit, die man sich beim Essen gönnt.

Keine Perfektion! Perfektion ist der Feind des Guten!

„Kleben" Sie nicht zu sehr an den Rezepten. Ein fehlendes Gewürz bedeutet bei den meisten Gerichten nicht, dass dieses deswegen nicht kochbar wäre. Ein frisches Kraut, das Sie eventuell nicht mögen oder nicht bekommen konnten, ersetzen Sie einfach durch ein anderes (z. B. Minze oder Petersilie anstelle von frischem Koriander). Bewahren Sie sich also eine gewisse Flexibilität bei der Kombination der Zutaten, und experimentieren Sie auch mal. Ihre eigene Kreativität ist wichtig. Sehen Sie die Rezepte des Buches nicht als strenge Vorgaben, sondern vielmehr als Anregung. Tauschen Sie auch durchaus Gemüsezubereitungen der einzelnen Speisen aus.

Wichtig sind die Mengenverhältnisse

Achten Sie (insbesondere, wenn Sie Rezepte abwandeln) stets auf die Mengenverteilung auf dem Teller. Wir ernähren uns tendenziell zu kohlenhydratlastig und essen im Gegenzug zu wenig Gemüse und zu viel (bzw. zu einseitig) tierisches Eiweiß.

Die „Faustformel" veranschaulicht, wie die Mengenverteilung auf dem Teller aussehen sollte:

- Immer 1 Handfläche Eiweiß (Fisch, Fleisch, Käse, Hülsenfrüchte wie z. B. Bohnen); das sind etwa 150 g.

- Immer 2 Fäuste Gemüse/Salat; das sind 150–200 g.

- Nur 1 Faust Beilagen (Reis, Kartoffeln, Nudeln ...); das sind max. 150 g (gekocht).

- Immer 1–2 Esslöffel hochwertiges Öl (Oliven- oder Rapsöl zum Kochen; Lein- oder Walnussöl für Salate).

Feierabendküche ohne Reue – Grundgedanken

- Gekochtes Abendessen ist bekömmlicher als rohe Speisen (z. B. Salat), denn das Garen ersetzt einen Verdauungsschritt.

- Wer abends satt ist, dem fällt es leichter, anderen Versuchungen (Nüssen, Chips, Schokolade, zu viel Alkohol etc.) zu widerstehen.

- Nicht zu vergessen ist der soziale Aspekt, den ein gutes Abendessen mit der Familie oder mit Freunden in sich birgt.

- Gutes Essen am Abend ist eine verdiente Belohnung für die Mühen des Tages.

- Die „Feierabendküche ohne Reue" ist natürlich auch als Mittagessen lecker und wirksam.

Saisonal kochen und essen

Verwenden Sie Gemüse der jeweiligen Saison! In den Kapiteln zu den vier Jahreszeiten finden Sie jeweils einen Warenkundeteil zu heimischem Gemüse (Inhaltsstoffe und Wirkung, Einkaufs- und Verarbeitungstipps).

Saisonales Kochen beschränkt sich aber nicht auf die reine Auswahl der Zutaten. Auch im Hinblick auf die Zubereitung sind jahreszeitliche Unterschiede empfehlenswert, zum Beispiel:

- Geschmortes und länger Gekochtes im Winter mit Verwendung von wärmenden Gewürzen
- Gedämpftes im Frühling
- Gegrilltes in Kombination mit Salaten im Sommer

Die Grundlagen für die Rezeptzusammenstellung

- Hochwertiges Eiweiß – Eiweiß macht satt und ist der Baustoff für Zellen, Muskeln, Abwehrstoffe.

- Gemüse – die darin enthaltenen Vitamine, Mineralstoffe und Spurenelemente sind Wirk- und Baustoffe, die das Zusammenspiel der Körperfunktionen sichern.

- Kohlenhydrate (als Beilage) – sie sind als Brennstoffe das „Benzin im Motor"; zu viel davon macht allerdings zuerst müde, dann schnell wieder hungrig.

- Gute Fette – sie sorgen nicht nur für den guten Geschmack, sondern sind auch ein wertvoller Inhaltsstoff.

- Jeweils nur ein Gericht (kein Menü) – so hält sich der Arbeitsaufwand (etwa 15 Minuten) im Rahmen.

- Der Energiegehalt pro Gericht beträgt ca. 500 kcal und unterstützt so eine „schlanke Linie".

- Die Rezepte sind auch geeignet bei Nahrungsmittelunverträglichkeiten und -allergien, erhöhten Blutfetten (Cholesterin, Triglyceriden) und bei Typ 2 Diabetes.

Die Wirkung der Lebensmittel und ihre Inhaltsstoffe im Detail

Eiweiß – ein wichtiger Baustoff in unserem Körper

Eiweiß ist eine organische Substanz, die in einer Vielzahl pflanzlicher und tierischer Lebensmittel vorkommt, darunter in Fisch, Fleisch, Bohnen und Linsen, Keimen und Sprossen, Pilzen, Käse und Eiern.

Eine ausreichende und hochwertige Versorgung damit ist lebensnotwendig, denn jede Zelle im Körper besteht aus Eiweiß. Wir brauchen Eiweiß z. B. für die Muskelmasse, für den Aufbau von Enzymen und Hormonen sowie für ein gut funktionierendes Immunsystem.

„Hochwertiges" Eiweiß – was ist das?

Die kleinsten Bausteine des Eiweißes sind die Aminosäuren. Acht davon kann der Körper selbst nicht herstellen, sie müssen über das Essen zugeführt werden. Der Körper kann aber immer nur dann optimal Eiweiß aufbauen, wenn alle acht lebensnotwendigen Aminosäuren gleichzeitig vorhanden sind.

Proteine (Eiweiße) können das Abnehmen erleichtern. Proteinlieferanten enthalten wenig oder keinen Zucker, daher bewirken sie keine übermäßige Insulinausschüttung, lassen den Blutzuckerspiegel kaum ansteigen und machen lange satt. Dies wirkt Heißhungerattacken entgegen, und eine Gewichtszunahme wird so verhindert.

Durch eine sogenannte Rotation der Eiweißarten vermeidet man, dass der Körper auf bestimmte Eiweißarten mit Unverträglichkeiten reagiert. Besonders auf Kuhmilch und

Sojaprodukte reagieren viele Menschen unverträglich. Wird Kuhmilcheiweiß jedoch nur bei einer Mahlzeit am Tag konsumiert, so ist es für den Körper bekömmlicher. Viele Rezepte in diesem Buch nehmen darauf Rücksicht und haben Ziegen- oder Schafmilchkäse anstelle von Kuhmilchkäse als Zutat. Wo dies nicht der Fall ist, ist eine Kennzeichnung vorhanden, sodass Allergiker und Menschen mit Unverträglichkeiten die Käseart entsprechend ersetzen können.

Pflanzliche Eiweißlieferanten

Zu den pflanzlichen Eiweißlieferanten zählen **Hülsenfrüchte**, z. B. Bohnen, Kichererbsen, Linsen. Sie sollten viel öfter auf unserem Speiseplan stehen. Hülsenfrüchte sind oft schwer verdaulich, können durch die Verwendung entsprechender Gewürze aber leichter bekömmlich gemacht werden. Zubereitungsformen der arabischen und indischen Küche wie auch unserer traditionellen Hausmannskost inspirieren mich bei der Entwicklung primär vegetarischer Hülsenfrüchte-Rezepte.

Sojabohnen und Tofu sind „das Fleisch der Vegetarier". Für „Tofu-Einsteiger" ist besonders die Würzung bei der Zubereitung bzw. Vorbereitung hilfreich, um Gefallen an diesem hochwertigen Lebensmittel zu finden.

Sprossen aus Hülsenfrüchten sind Vitaminbomben und gute Eiweißlieferanten. Sie müssen vor dem Essen kurz blanchiert, also kurz in kochendes Wasser getaucht oder kurz erhitzt werden; so deaktiviert man die natürlichen Schadstoffe. Manche Sprossen, wie Kresse oder Alfalfa, brauchen diese Vorbereitung nicht. Sprossen sollten vor allem zu Beginn des Frühjahres auf dem Speisezettel stehen; der Vitamingehalt von Alfalfa-Sprossen ist viel höher als jener von Orangensaft.

Shiitakepilze und Austernpilze sind ebenfalls eine hochwertige Eiweißquelle. Sie werden in Deutschland und Österreich biologisch gezüchtet, sind witterungsunabhängig und jederzeit erhältlich. Shiitakepilze sind Heilpilze zur Stärkung der Immunabwehr und reich an wertvollen Inhaltsstoffen. Ich empfehle keine getrockneten Pilze, da hier eine erhöhte Schimmelpilzkonzentration vorhanden sein kann. Austernpilze haben einen kalbfleischartigen Geschmack und manchmal einen weißlichen Belag. Dieser ist nicht giftig und kann einfach mit einem Tuch abgewischt werden.

Tierische Eiweißlieferanten

Süßwasserfische, Meeresfische und Meeresfrüchte

Fische sind reich an hochwertigem Eiweiß, Meeresfische wie Hering, Lachs, Makrele, Sardinen, Tunfisch auch reich an Omega-3-Fettsäuren. Leider sind sie auch schadstoffbelastet; ein entsprechend abwechslungsreicher Konsum ist deshalb wichtig, um eine Schadstoffkonzentration zu vermeiden.

Durch Überfischung sind viele Arten vom Aussterben bedroht; beim Einkauf von Fisch mit dem MSC-Gütesiegel kann man allerdings von einer nachhaltig betriebenen Fischereiwirtschaft ausgehen. Heimische Fische aus kontrolliert biologischer Fischzucht geben ebenfalls Hinweise auf die Haltung der Tiere.

Wer keine Meeresfische essen möchte, sollte auf eine ausreichende Versorgung mit Omega-3-Fettsäuren durch Leinöl und Walnussöl bzw. Nüsse und Samen achten.

Fleisch, Geflügel und Eier

Fleisch, Geflügel und Eier sind teilweise in Verruf geraten, aber auch hier sind die Tierhaltung und die Fütterung entscheidend, bzw. die Häufigkeit des Verzehrs und die Art der Zubereitung. Achten Sie beim Einkauf stets auf Qualität und Herkunft. Reduzieren Sie lieber die Häufigkeit des Konsums und kaufen Sie dafür beste Qualität.

Kuh-, Schaf- und Ziegenkäse

ist ebenfalls ein hochwertiger Eiweißlieferant. Bevorzugen Sie qualitativ hochwertige Produkte mit „normalem" Fettgehalt. Durch den großen Milchbedarf verursacht die Käseerzeugung einen hohen CO_2-Ausstoß. Genießen Sie Käse also bewusst und nicht zu häufig.

Vitamine, Ballaststoffe und sekundäre Pflanzenstoffe

Gemüse ist ein sogenannter Basenbildner. Es liefert den nötigen Ausgleich für den häufig allzu reichlichen Genuss von Eiweiß, Zucker, Kaffee und Alkohol, die einen Säureüberschuss im Körper bewirken. Gemüse der Saison wird vollreif geerntet, ist deshalb reich an Vitaminen, Mineralstoffen und sekundären Pflanzenstoffen – und schmeckt am besten.

In meiner Beratungspraxis mache ich oft die Erfahrung, dass Gemüse nicht von jedermann geschätzt wird. In Familien kommt oft nur die gemeinsame (und dann auch noch sehr kleine) „Schnittmenge" an Lieblingsgemüsesorten auf den Tisch. Oft hat man als Kind bereits entschieden, was man mag oder nicht mag. Die Möglichkeit, diese Meinung zu revidieren, wird dann vielfach gar nicht mehr wahrgenommen.

Die Zubereitung bietet jedoch unendliche viele Möglichkeiten, sich „neuen" Gemüsesorten zu öffnen, z. B. in der Kombination roher knackiger Gemüsesalate mit Obst und Kräutern oder in Form von Laibchen, Saucen und Pürees. Kürbis ist ein gutes Beispiel: Die leicht süßliche Kürbis-Beilage war nie mein Liebling, während ich einen bissfesten, süßsauren oder einen im Backrohr geschmorten pikanten Kürbis völlig anders empfinde. Außerdem liebe ich es, innerhalb der einzelnen Gemüsearten die Sortenvielfalt zu erkunden und zum Beispiel nach einer neuen Lieblingstomate zu suchen.

Vor den Rezepten zu den vier Jahreszeiten finden Sie jeweils eine Warenkunde und Beschreibung der Saisongemüsesorten, ihrer gesundheitlichen Wirkung und Qualitätskriterien.

Kräuter gehören wie die Gewürze zur Seele der Kochkunst – leider werden sie bei uns oft nur sehr sparsam verwendet, in den Küchen Asiens und des Nahen Ostens hingegen sehr großzügig. Ich finde das herrlich und lasse mich gerne von den Speisen dieser Länder beeinflussen. Sogar in den Supermärkten finden Sie frische Kräutertöpfe in Bioqualität, die einen guten Geschmack haben.

Für Garten- oder Balkonbesitzer empfiehlt sich ein Kräuterbeet, das macht wenig Arbeit, und die Ernte ist einfach. Selbstgezogene Kräuter schmecken vielleicht nicht immer besser, geben einem aber das Gefühl von Ursprünglichkeit.

Kräuter und Gemüse enthalten jede Menge sekundäre Pflanzenstoffe, also von Pflanzen gebildete Farbstoffe, Abwehrstoffe gegen Schädlinge und Krankheiten sowie Aromen und Duftstoffe. Diese Gruppe umfasst etwa 100.000 verschiedene Substanzen. Ihre gesundheitsfördernde Wirkung erstreckt sich auf die Vorbeugung von Herz-Kreislauf-Erkrankungen (antioxidativ wirkend und Cholesterin senkend) und Krebs sowie auf die Steigerung der allgemeinen Abwehrkräfte.

Gemüse enthalten zudem Ballaststoffe und sorgen für eine regelmäßige Darmtätigkeit. Je schwächer das Verdauungssystem ist, desto häufiger sollten gekochte Speisen gegessen werden. Das Kochen ersetzt einen Verdauungsschritt und hilft, Speisen bekömmlicher und verträglicher zu machen. Wer unter Blähungen oder Magenbeschwerden leidet, sollte abends keine Rohkost essen.

Kohlenhydrate – Dickmacher oder notwendig?

Die Ernährungsempfehlungen zu Kohlenhydraten haben sich in der Vergangenheit geändert. Die moderne Ernährungslehre empfiehlt, Kohlenhydrate zu konsumieren, die nur langsam den Blutzuckerspiegel erhöhen und lange satt machen, bzw. die Menge so zu wählen, dass man fit und agil bleibt.

Die wichtigsten Kohlenhydratlieferanten sind Kartoffeln, Reis, Nudeln, Brot und andere Getreideprodukte, Obst, Zucker und Süßigkeiten, aber auch einige Gemüsesorten.

Kohlenhydrate sind wichtig! Sie sind das Benzin in unserem Motor Körper! Aber tanken Sie eine hohe Oktanzahl (d. h. ballaststoffreich), und wählen Sie jene Mischung, die für Ihren Stoffwechsel die richtige ist.

Die **Kohlenhydrat-Faustformel** kennen Sie vielleicht schon:

- 2 Fäuste Gemüse/Salat auf dem Teller
- 1 Faust Beilage (Reis, Kartoffeln, Nudeln)
- 1 Stück Obst als Dessert

Der Bedarf an Kohlenhydraten hängt auch stark vom Ausmaß der körperlichen Betätigung ab. Ein Ausdauersportler braucht viele Kohlenhydrate, um optimal Leistung zu erbringen. Ein Zuviel für Menschen mit Bürojob bewirkt hingegen eine starke Müdigkeit nach dem Essen; und dann braucht man einen „Kick" (Kaffee und Süßes), um wieder aktiv zu werden.

Ein Nudelgericht oder eine Pizza machen vergleichsweise müder als eine gebratene Hühnerbrust mit Gemüse und/oder Salat und nur zwei Kartoffeln als Beilage. Vergleichen Sie Ihren Energielevel nach verschiedenen Mahlzeiten und lernen Sie so Ihren Körper kennen!

Der Rezeptteil dieses Buches enthält auch Pasta-Rezepte. Allerdings ist die Nudelmenge gegenüber klassischen Rezepten reduziert, die Gemüse- und Eiweißmenge hingegen erhöht.

Gute Fette – schlechte Fette

Es gibt Fettsäuren, die der Körper nicht selbst herstellen kann und die mit dem Essen zugeführt werden müssen, damit unser Motor „wie geschmiert" läuft. Streng fettarme Ernährung ist nicht empfehlenswert.

Verwenden Sie Raps- und Olivenöl zum Kochen (einen Esslöffel pro Person und Mahlzeit) und Lein- und Walnussöl für den Salat (einen Esslöffel pro Person und Mahlzeit).
Achten Sie beim Einkauf auf die Qualität der Öle, denn gutes Fett muss auch gut riechen und schmecken! Schmeckt es bitter, dann ist es ranzig, schadet dem Körper sehr und muss deshalb entsorgt werden.

Wichtig ist, Öl dunkel und geschlossen aufzubewahren, das Leinöl sogar im Kühlschrank.

Apropos Energielevel – das Trinken nicht vergessen!

Wer zu wenig trinkt, isst mehr und wird schneller müde! 30 Milliliter Wasser pro Kilogramm Körpergewicht und Tag lautet die Empfehlung. D. h., eine Frau mit 65 Kilogramm Körpergewicht sollte etwa zwei Liter Wasser trinken, ein Mann mit 80 Kilogramm etwa zweieinhalb Liter. Und trinken Sie möglichst wirklich nur Wasser; alle Getränke mit einem Schuss süßen Geschmacks regen den Süßhunger an. Menschen mit Verdauungsproblemen wie Blähungen und mit kalten Füßen empfehle ich, abgekochtes Wasser zu trinken, eventuell mit einer Scheibe frischem Ingwer. Das ist sehr bekömmlich und lindert die Beschwerden (Voraussetzung: Abklärung der Ursachen beim Arzt).

Kukicha

Lapsang

Matcha

Zitronenverbene

Tees sind grundsätzlich ein empfehlenswertes Getränk, jedoch jeder Tee hat eine spezielle Wirkung auf den Körper und sollte deshalb bewusst ausgewählt werden. Für die gesundheitlichen Aspekte von Tee werden die sekundären Pflanzeninhaltsstoffe verantwortlich gemacht. Sie senken das Risiko für Herz-Kreislauf-Erkrankungen und Krebs und verbessern den Krankheitsverlauf bei chronischen Erkrankungen. Dies beruht auf ihrer antioxidativen Wirkung, d. h. sie halten die aggressiven Sauerstoffmoleküle, sogenannte Freie Radikale, in Schach und wirken so einer Zellentartung entgegen. Außerdem wirken die enthaltenen Polyphenole blutgefäßerweiternd und schützen so unser Herz.

Tee enthält auch Fluoride und hat somit eine positive Wirkung gegen Karies. Um einen gesundheitlichen Effekt zu haben und gleichzeitig nicht zu viel Koffein zu konsumieren, ist es empfehlenswert, vier Tassen über den Tag verteilt zu trinken.

Für hitzige Menschen, die viel Fleisch essen, ist Grüntee ideal, er leitet überschüssige Hitze aus und ist reich an sekundären Pflanzenstoffen. Ein besonderer Grüntee ist der Matcha Tee, der in einem aufwändigen Verfahren hergestellt wird. Mehrere Jahrhunderte blieb Matcha der Tee der Elite. Der zu Pulver vermahlene Tee wird in Japan traditionell für die Teezeremonie verwendet. Er enthält um ein Vielfaches mehr Inhaltsstoffe als herkömmlicher Tee und weist einen hohen Gehalt an Antioxidantien auf. Kukicha ist ein Grüntee, der hauptsächlich aus den Stängeln und Blattrippen der Teepflanze besteht. Dadurch enthält der Tee weniger Koffein als andere Grüntees und empfiehlt sich auch für den abendlichen Genuss.

Lapsang Souchong ist ein Schwarztee, der geräuchert wird und deshalb auch den Namen Rauchtee trägt. Er ist ideal für Menschen, die ein Raucharoma lieben, erinnert etwas an einen Maltwhisky und ist daher eine interessante Alternative.

Bei Sodbrennen sollte man Früchtetees, Kaffee und Getränke mit Kohlensäure vermeiden und nach dem Essen eine Mokkatasse Magentee trinken. Spazierengehen anstelle Hinlegen nach dem Essen hilft ebenfalls mit, das Sodbrennen schnell auszukurieren.

Besonders gut tut es, den Abend mit einer Tasse Tee zu beenden. Mein persönlicher Tipp: Zitronenverbenentee (Verveine). Er entspannt besser als z. B. Süßigkeiten. Aber auch andere Tees, wie Orangenblüten-, Zitronenmelisse- oder Lavendeltee, wirken entspannend und sorgen für einen guten Schlaf.

Ausgleichend wirken aber nicht nur Tee und gutes Essen, sondern vor allem auch die regelmäßige Bewegung. Wer sich bewegt, hat ein gutes Körpergefühl und bekommt automatisch Lust auf Speisen, die dem Körper gut tun.

Traditionelle chinesische bzw. europäische Ernährungslehre

Siebzig Prozent unserer Energie erhalten wir durch die Nahrungsaufnahme. Somit ist es entscheidend, welche Qualität die Nahrungsmittel haben, die wir zu uns nehmen. Wer nichts Vernünftiges isst, verbraucht seine eigene Substanz und altert frühzeitig. Mattigkeit, Faltenbildung, Verdauungsbeschwerden, Gelenkschmerzen und vieles andere sind die Folgen (unabhängig von der genetischen Disposition).

Essen Sie bevorzugt das, was in Ihrer Umgebung wächst, und das dann, wenn es reif ist – damit liegen Sie schon einmal goldrichtig. Aber auch wenn Sie auf Lebensmittel aus fernen Ländern zurückgreifen, um Ihren Speiseplan abwechslungsreich zu gestalten, sollten Sie auf die Reifezeit achten, um beste Qualität auf den Tisch zu bekommen.

Durch die Einteilung in die Jahreszeiten habe ich bei folgenden Empfehlungen auf einige Aspekte der traditionellen Ernährungslehre Rücksicht genommen, wie z. B.:

- Im Herbst und Winter mehr Gewürze und längere Zubereitungsarten verwenden – so wird der Körper von innen gewärmt, erhält mehr Energie, und die Abwehrkräfte wer den gestärkt.

- Im Sommer mehr erfrischende und kühlende Zutaten konsumieren – so wird die Hitze ausgeglichen.

- Im Frühling leichte Zubereitungsarten wie Dämpfen und Dünsten anwenden – so lassen sich auch die Sünden der Weihnachts- und Faschingszeit wieder ausgleichen. Blutaufbau und -reinigung mit Sprossen, Kräutern, grünem Gemüse und Huhn sind zudem ideal.

Grundsätzliches zum Einkauf – Einkaufen ist ein politischer Akt

Mit dem Einkauf entscheiden wir auch über Produktionsmethoden. Wenn wir regionale Produkte und Produzenten bevorzugen, können wir mithelfen, Arbeitsplätze in der Region zu sichern und Transportwege und CO_2 Emissionen zu reduzieren.

Unsere Nahrungsmittel werden kontrolliert. Wir fügen uns mit traditionell hergestellten Nahrungsmitteln keinen Schaden zu. Trotzdem bevorzuge und empfehle ich Produkte aus kontrolliert-biologischer Erzeugung. Meine Devise: Nicht immer Bio und nicht sklavisch, aber immer öfter!

Ich möchte nicht generell darauf verzichten, eine köstliche Mango zu essen, aber wenn es heimische Alternativen gibt (z. B. frische Erdbeeren oder Pfirsiche), bevorzuge ich diese.

Gut, sauber und fair produzierte Lebensmittel können uns täglich Freude bereiten. Das hat natürlich auch seinen Preis. Sinnvoll ist es, weniger einzukaufen, bewusster zu genießen und weniger wegzuwerfen. Wussten Sie, dass man z. B. 1870 in Österreich noch sechzig Prozent seines Einkommens für Nahrungs- und Genussmittel ausgegeben hat und jetzt nur mehr elf Prozent, Tendenz fallend?

Genussregeln

„Kein Genuss ist vorübergehend, denn der Eindruck, den er hinterlässt, ist bleibend." (Goethe)

Es gibt die sogenannten Genussregeln nach Rainer Lutz, die mich in der Ernährungsberatung täglich begleiten und die auch die Entstehung dieses Buches beeinflusst haben:

- **Genuss braucht Zeit!**
- **Genuss muss erlaubt sein!**
- **Genuss geht nicht nebenbei!**
- **Genuss ist zu wissen, was einem gut tut!**
- **Genuss heißt: Weniger ist mehr!**
- **Genuss kann durch Askese gesteigert werden**
  (Bärlauch z. B. nur am Ende des Winters essen)!
- **Genuss ist alltäglich!**
  (meine Lieblingsregel)

31

„Frühjahrsputz" für den Körper

Im Frühling erwacht die Natur, und die Pflanzen beginnen, ihre Triebe der Sonne entgegenzustrecken. Der Frühling ist die Übergangsphase zu einer wärmeren Jahreszeit und die Zeit der aufsteigenden Bewegung und des Wachstums. Nach der meist gehaltvolleren, heißen Winterernährung, die uns für die kalte Jahreszeit die notwendige Energie geliefert hat, ist es in puncto Ernährung Zeit für eine Umstellung. Grüne Gemüse und Sprossen in Kombination mit leichteren Kochmethoden (z. B. Dämpfen) sind jetzt ideal. Aus Sicht der Traditionellen Chinesischen Medizin ist der Blutaufbau jetzt für Menschen, die leicht frieren und eher blutarm sind, von besonderer Bedeutung. Geflügelgerichte (Holzelement) sind dafür empfehlenswert. „Fleischtiger" und hitzige Menschen sollten sich hingegen im Frühjahr verstärkt vegetarisch ernähren, um die im Winter aufgebaute Hitze (Fleisch, Alkohol) auszuleiten.

Frühling

Warenkunde Frühlingsgemüse

Die im Folgenden beschriebenen Salate sind ab Mai als heimische Freilandware erhältlich.

Kopfsalat (Grüner Salat, österr.: Häuptlsalat)
Der Kopfsalat ist eine der beliebtesten Salatsorten, wohl auch wegen seines milden, nur leicht bitteren Geschmacks.
Er ist ganzjährig als Frischware erhältlich, wobei Salat aus Freilandanbau aufgrund des geringeren Nitratgehaltes aber vorzuziehen ist.
Kopfsalat ist recht empfindlich und sollte möglichst rasch verbraucht werden. Gelagert wird er am besten kühl und feucht.

Top-Gehalt an: Kalzium, Kalium, Phosphor, Eisen, Spurenelementen, Apfel- und Zitronensäure (deshalb der erfrischende Geschmack), Betacarotin, B1, B2, B6, und vor allem Vitamin C. Der Vitamin C-Gehalt ist in den äußeren Blättern höher als in den inneren.

Eichblattsalat
Seinen Namen verdankt der Eichblattsalat seiner Ähnlichkeit mit Eichenlaub. Sein frischer Geschmack ist frei von Bitterstoffen und erinnert leicht an Haselnüsse. Der Eigengeschmack wird durch einen Hauch von Knoblauch unterstrichen; eine Vinaigrette mit Nussöl betont ihn ebenfalls.

Auch er sollte möglichst rasch konsumiert werden. Er lässt sich wenige Tage kühl und feucht lagern.

Top-Gehalt an: Kalium, Kalzium, Phosphor, Betacarotin, Vitamin B1, B2 und C.

Lollo Rosso und Lollo Bionda
Diese beiden Salate zählen zur Gruppe der Pflück-
und Schnittsalate. Sie bleiben länger frisch und
knackig als z. B. der Kopfsalat. Lollo Rosso belebt
vor allem Mischsalate aufgrund seiner roten Farbe.
Lollo Bionda ist gelbgrün gerüscht.

Top-Gehalt an: Kalzium, Phosphor, Betacarotin,
Vitamin B1, B2 und C.

Blumenkohl (österr.: Karfiol)
Beim Blumenkohl handelt es sich um eine Zucht-
sorte des Gemüsekohls, der ausgehend von
Kleinasien im 16. Jahrhundert seine Verbreitung
in ganz Europa gefunden hat.

Seine Hauptanbauländer sind heute Frankreich,
Italien und die Benelux-Staaten.

Blumenkohl wird in Mitteleuropa vom Frühjahr bis
in den Herbst hinein geerntet.

Wie bei seinem „Bruder", dem Brokkoli, werden
beim Blumenkohl die Blüten und nicht die Blätter
gegessen.

Während im deutschsprachigen Raum die weißen
und gelblichen Sorten dominieren, werden in
Frankreich und Italien grüne und violette Sorten
bevorzugt (z. B. der grüne Romanesco).

Aufgrund seines hohen Gehaltes an Zitronen- und
Apfelsäure ist Blumenkohl im Vergleich zu anderen
Kohlarten sehr bekömmlich. Er ist zudem ballast-
stoffreich und wirkt damit positiv auf den Magen-
Darm-Trakt.

Einkaufs- und Verarbeitungstipps:

- Lose und/oder schlaffe Blätter und bräunliche Flecken sind Anzeichen für mangelnde Frische oder schlechte Lagerung.

- Im Kühlschrank lässt sich der Blumenkohl bis zu 4 Tage aufbewahren, mit zunehmendem Alter wird der Geschmack strenger.

- Für die Zubereitung die Blätter entfernen und den Strunk nahe bei den Röschen abschneiden. Waschen und die einzelnen Röschen ca. 5 Minuten garen (oder den ganzen Kopf ca. 10–15 Minuten).

- Durch die Beigabe von Zitronensaft oder Milch bleibt der Blumenkohl beim Garen schön weiß.

- Ein Lorbeerblatt im Kochwasser reduziert den Kohlgeruch.

- Blumenkohl kann auch roh genossen werden.

- Blumenkohl verträgt sich gut mit kräftigen Gewürzen und eignet sich daher auch hervorragend für asiatische Gerichte (z. B. Curries).

Top-Gehalt an: reichlich Vitamin C, Vitamin K, Folsäure, Kalium, Kalzium und Magnesium. Ebenso enthält Blumenkohl die für den typischen Kohlgeschmack verantwortlichen krebsvorbeugenden Glucosinolate.

Kohlrabi (Kohlrübe)
Der Kohlrabi ist eine der vielen Zuchtformen des Gemüsekohls. Er wird vor allem in Mittel- und Westeuropa angebaut und ist als Frischware von Mai bis November erhältlich.

In Deutschland und Österreich werden rund 40 unterschiedliche Sorten kultiviert. Die violetten Sorten werden dabei weniger schnell holzig als die weißen Sorten.

Verwendet werden zumeist nur die Knollen des Kohlrabis, dabei sind seine Blätter weitaus reicher an Vitaminen und Mineralstoffen.

Aufgrund seines Magnesiumgehalts ist er günstig für das Herz und für die Verhinderung von Gefäßerkrankungen. Sein Kalzium kräftigt die Knochen und Zähne.

Einkaufs- und Verarbeitungstipps:

- Da die Blätter wertvoller als die Knolle selbst sind, sollten diese klein gehackt dem Gericht zum Schluss beigefügt werden.

- Junge Knollen können sowohl geschält als auch als Rohkost genossen werden.

Top-Gehalt an: Phosphor, Kalium, Magnesium, Jod, Kalzium und Eisen sowie B-Vitaminen und Vitamin C. Senfölglykoside wirken antibakteriell, krebsvorbeugend und sind für den typischen Geschmack verantwortlich.

Mangold

Der Mangold zählt zur Familie der Gänsefußgewächse und ist verwandt mit der Zuckerrübe und der Roten Bete.

Er gewinnt im deutschsprachigen Raum in den letzten Jahren an Beliebtheit, in Südeuropa und Vorderasien wird er aber weit häufiger verwendet. Man unterscheidet den Stiel- oder Rippenmangold und den Blatt- oder Schnittmangold (auch Römischer Kohl). Ersterer weist dicke Mittelrippen auf, deren Farbe je nach Sorte weiß, rot oder orange-gelb sein kann. Diese Rippen werden, getrennt von den Blättern, ähnlich wie Spargel zubereitet (daher rührt auch der Beiname „Spargel des armen Mannes"). Beim Blattmangold hingegen werden die Blätter mitsamt den Stielen zubereitet, ähnlich wie Blattspinat. Der Geschmack ähnelt auch jenem des Spinats, ist aber etwas kräftiger.

Die Haupterntezeit des Mangolds ist zwar der Sommer, junge Pflanzen werden aber auch bereits im Frühjahr als erstes Grüngemüse geerntet. Mangold hat eine heilsame Wirkung bei Darmträgheit und eine dämpfende Wirkung bei Nervosität. Die enthaltenen Saponine wirken zudem cholesterinsenkend, antimikrobiell und krebsvorbeugend.

Einkaufs- und Verarbeitungstipps:

- Die Blätter müssen knackig frisch sein; die Stiele dürfen keine dunklen Flecken aufweisen.
- Mangold sollte möglichst frisch verarbeitet und im Kühlschrank max. 2 Tage gelagert werden.
- Dicke Stiele werden gebraten oder wie Spargel zubereitet, die Blätter werden wie Spinat verwendet, aber auch gerne als „Rouladen" oder Päckchen gefüllt.

- Weil Mangold – wie Spinat – viel Nitrat enthält, sollte man unmittelbar vor dem Essen Zitrone (Vitamin C) zugeben, um die Bildung von Nitrosaminen zu verhindern.

- Da der Oxalsäuregehalt sehr hoch ist, sollte Mangold nicht roh gegessen und bei Nierenerkrankungen nur in beschränktem Ausmaß konsumiert werden.

Top-Gehalt an: Eiweiß- und Mineralstoffen (Eisen, Kalium, Magnesium, Kalzium, Natrium) sowie viel Vitamin C, B1 und B2.

Rhabarber

Rhabarber, die „fremdländische Wurzel", zählt zur Familie der Knöterichgewächse und ist – obwohl er im deutschsprachigen Raum zumeist wie Obst verwendet wird – ein Gemüse. Er stammt ursprünglich aus Asien und gelangte über Russland nach Europa. Hier erhielten die seltsamen sauren Stängel zunächst wenig Zuspruch; erst ab dem 18. Jahrhundert begann man in Europa, den Rhabarber als Gemüse zu nutzen.

Dass der Rhabarber einiges für unsere Gesundheit zu bieten hat, erkannten die Chinesen schon vor 4.000 Jahren und nutzten ihn entsprechend medizinisch. Rhabarber ist erfrischend, verdauungsfördernd und wirkt bakterizid. Seine abführende Wirkung beruht darauf, dass er die Darmperistaltik anregt.

Geschmacklich interessant machen den Rhabarber seine Fruchtsäuren, allen voran Zitronen- und Apfelsäure.

Einkaufs- und Verarbeitungstipps:

· Die Rhabarberstangen sollen knackig sein und keine braunen Flecken aufweisen.

· Rhabarber lässt sich kühl und feucht einige Tage lagern, dabei sollte er allerdings weder mit Ethylen abgebenden Früchten (Äpfel, Bananen, Mango, Tomaten, etc.) noch mit Metall in Kontakt kommen, da er ansonsten rascher verdirbt.

· Früher, zarter Rhabarber muss nicht geschält werden; gegen Ende der Saison (Ende Juni) ist das Schälen hingegen ratsam, auch um den dann höheren Oxalsäuregehalt zu reduzieren, der kalziumzehrend wirkt.

· Rhabarber eignet sich nicht nur für Kuchen, Kompotte und Marmeladen; sein säuerlicher Geschmack macht ihn auch für Fischgerichte oder als Kontrast in Fleischgerichten interessant.

Top-Gehalt an: vor allem Vitamin C, aber auch Kalium, Magnesium, Phosphor, Eisen.

Spargel

Der Spargel ist ein mehrjähriges Liliengewächs, aus dessen Wurzelstock im Frühjahr Sprossen austreiben, die als Spargelstangen geerntet werden. Spargel wird heute weltweit angebaut und als Delikatesse geschätzt. Besonders verbreitet ist der Gemüsespargel aber in Mittel- und Südeuropa. Die Erntezeit des heimischen Spargels reicht von der zweiten Aprilhälfte bis zum 24. Juni (Johannistag).

Der im deutschsprachigen Raum besonders beliebte weiße Spargel, der einen sehr milden Geschmack aufweist, wird gestochen, bevor die Spitzen aus dem Erdreich wachsen. Gelangen die Sprossen ans Sonnenlicht, färben sich ihre Spitzen violett. Dieser violette Spargel wird vor allem in Frankreich sehr geschätzt. Der chlorophyllhaltige grüne Spargel wächst über der Erde und erhält dadurch seine kräftige Farbe. Er ist nährstoffreicher als der weiße.

Spargel regt den Stoffwechsel an, wirkt blutreinigend und entwässernd. Er unterstützt die Leber-, Nieren- und Lungenfunktion. Der relativ hohe Harnsäuregehalt ist für Gesunde kein Problem, allerdings sollten Menschen mit erhöhten Harnsäurewerten Spargel nur in Maßen genießen. Aufgrund seines geringen Kalorien- und seines hohen Wassergehaltes ist Spargel ein schmackhafter und gesunder „Schlankmacher".

Einkaufs- und Verarbeitungstipps:

- Frischen Spargel erkennt man an festen, geschlossenen Spitzen und feuchten Schnittenden.

- Quietschen die Spargelstangen, wenn man sie aneinanderreibt, so ist das ein Zeichen für Frische.

- In ein feuchtes Tuch gewickelt, lässt sich Spargel im Kühlschrank ca. 3 Tage lagern.

- Weißer Spargel muss generell geschält werden, beim grünen Spargel reicht ein Schälen der Spargelenden.

- Da die Spargelspitzen schneller garen als die Stangen, wird Spargel idealerweise aufrecht stehend in einem hohen, engen Topf gekocht. Dabei werden dem Kochwasser Salz, eine Prise Zucker und etwas Butter hinzugefügt.

- Grünspargel eignet sich aufgrund seines kräftigeren Geschmacks besonders gut zum Braten.

Top-Gehalt an: Eiweiß- und Mineralstoffen (Eisen, Kalium, Magnesium, Kalzium, Natrium) sowie viel Vitamin C, B1 und B2.

Spinat

Der Spinat stammt ursprünglich aus Persien und hat mit den Arabern über Spanien seinen Weg nach Mitteleuropa gefunden. Heute ist Spinat das erste Grüngemüse, das bei uns aus Freilandanbau erhältlich ist. Dieser frühe Spinat ist zudem besonders zart und eignet sich hervorragend als Salat, während spätere Sorten deutlich herber schmecken und daher gegart werden.

„Spinat ersetzt die halbe Apotheke", sagt der Volksmund und hat damit nicht ganz unrecht. Er fördert die Blutbildung und die Sekretion der Bauchspeicheldrüse, der Magenschleimhaut und der Galle. Seine Bitterstoffe unterstützen die Verdauung, und seine Inhaltsstoffe stärken das Immunsystem.

Einkaufs- und Verarbeitungstipps:

- Frischen Spinat max. 2 Tage im Kühlschrank lagern und vor der Verwendung stets gut waschen, da er oft sandig ist.

- Spinat eignet sich sehr gut zum Tiefkühlen.

- Die Bioverfügbarkeit von Eisen kann durch den gleichzeitigen Verzehr von Eiweiß oder Vitamin C verbessert werden (z. B. Spiegelei zum Rahmspinat, Fischfilet zum Blattspinat).

- Da Spinat Nitrat aus dem Boden speichert, sollte man gekochten Spinat nicht lange warm halten, da sich sonst das Nitrat in gesundheitsschädliches Nitrit umwandelt.

- Beim Blanchieren/Kochen wird ein Großteil des Nitrats an das Kochwasser abgegeben, daher dieses nicht weiterverwenden.

- Bitte beachten: Der hohe Gehalt an Oxalsäure reduziert die Kalziumaufnahme.

Top-Gehalt an: 10 Vitaminen, 13 Mineralstoffen und Eiweiß; dabei sticht der Gehalt an Carotinoiden, Vitamin C, Kalium und Eisen hervor. Der Folsäuregehalt ist positiv für die Zellerneuerung sowie für die Bildung und Reifung von roten Blutkörperchen.

Wok-Huhn
mit Jungzwiebeln, Sojasprossen, Cashewkernen und Basmati-Naturreis

Zutaten für 2 Portionen

300 g	Hühnerbrust, gewürfelt
2 EL	Cashewnüsse
1 TL	Ingwer, frisch gerieben oder gepresst (Knoblauchpresse)
100 g	Karotten, geschält und in dünne Streifen geschnitten
4	Frühlingszwiebeln mit Grün, in Streifen geschnitten
2 EL	Reiswein (ersatzweise Sherry)
2 EL	helle Sojasauce
1 Prise	Kurkuma
170 g	Sojasprossen
1 EL	Sesamöl
	Szechuan-Pfeffer (ersatzweise schwarzer Pfeffer, frisch gemahlen)
100 g	Basmati-Naturreis

1 Das Sesamöl im Wok oder in der Bratpfanne erhitzen und die Cashewkerne darin anrösten. Die Hitze reduzieren.

2 Den Ingwer, die Jungzwiebeln, die Karottenstreifen und das Hühnerfleisch dazugeben, kurz anbraten und mit Reiswein oder Sherry ablöschen. Mit Sojasauce, Szechuan-Pfeffer und Kurkuma abschmecken und zugedeckt etwa 10 Minuten garen. Die Sojasprossen in den letzten 5 Minuten mitgaren.

3 Mit Basmati-Naturreis servieren.

laktosefrei bzw. -arm	kuhmilch-frei	hefefrei	ohne Weizen	glutenfrei
x	x			

597 kcal | 25 g F | 3,3 BE

Mediterranes Hühnerfilet
mit geschmortem Paprika und Polenta-Taler

Zutaten für 2 Portionen

300 g	Hühnerbrust, in Schnitzel geschnitten
1 kleine	rote Zwiebel, gewürfelt
2 Stangen	Sellerie, in dünne Scheiben geschnitten
1	Knoblauchzehe, fein gehackt
2 TL	Rosmarin, fein gehackt
50 ml	Rotweinessig, mild
50 ml	trockener Weißwein
50 ml	Wasser
10	schwarze Oliven
3	Paprikaschoten (rot und gelb)
50 g	Polentagrieß
200 ml	Gemüsefond (ersatzweise Wasser mit etwas Salz)
1 TL	Kräuter der Provence
3 EL	Olivenöl
	schwarzer Pfeffer, frisch gemahlen
	Meersalz

Bitte beachten Sie die Zutaten der Suppenwürze.
Flexitarian Variante: Anstelle des Hühnerfilets pro Person 75 g gebratener Halloumi-Käse.

laktosefrei bzw. -arm	kuhmilch-frei	hefefrei	ohne Weizen	glutenfrei
x	x		x	x

1 Für die Polenta den Gemüsefond in einem kleinen Topf aufkochen, unter Rühren den Polentagrieß einrieseln lassen. Die Kräuter der Provence hinzufügen und unter ständigem Rühren 3 Minuten köcheln lassen. Auf eine mit Folie ausgelegte glatte Fläche stürzen, etwa 1 cm dick aufstreichen und abkühlen lassen.

2 Die Paprikaschoten unter dem Backofengrill rundum rösten, bis die Haut Blasen wirft. Herausnehmen, in eine Plastiktüte geben und diese zuknoten. Nach 15 Minuten lässt sich die Haut der Schoten leicht abziehen. Die Schoten in dicke Streifen schneiden.

3 Aus der abgekühlten Polenta runde Scheiben ausstechen, mit wenig Öl bepinseln und unter dem Backofengrill leicht bräunen.

4 Die Hühnerschnitzel salzen und pfeffern. Etwas Öl in einer Pfanne erhitzen und das Hühnerfleisch darin beidseitig jeweils 2 Minuten anbraten. Dann herausnehmen und die Zwiebel, den Knoblauch, den Sellerie und den Rosmarin darin einige Minuten dünsten. Mit dem Essig ablöschen und kurz einkochen lassen, den Weißwein und das Wasser angießen. Nach 2 Minuten das Hühnerfleisch in die Pfanne geben und bei kleiner Flamme 20 Minuten köcheln lassen. Bei Bedarf etwas Wasser hinzufügen. Die Oliven einstreuen und mit Salz und Pfeffer abschmecken.

5 Mit der Sauce beträufelt anrichten.

Gebratene Hühnerbrust,
Zucchini-Nudeln und Vollkorn-Bulgur mit Champignons

Zutaten für 2 Portionen

2	Hühnerfilets à 150 g
2 TL	frischer Rosmarin, gehackt (oder 1 TL getrockneter)
½	Zwiebel, fein gehackt
1	Knoblauchzehe, fein gehackt
150 g	Champignons, halbiert oder geviertelt
100 g	Vollkorn-Bulgur
250 ml	Gemüsefond (ersatzweise Wasser)
1 TL	Currypulver
3 EL	frische Kräuter (z. B. Petersilie, Basilikum, Minze), gehackt
200 g	Zucchini
½ EL	Zitronensaft
3 EL	Olivenöl
	Meersalz
	Pfeffer, frisch gemahlen

Bitte beachten Sie die Zutaten der Suppenwürze.
Flexitarian-Variante: Pro Person 75 g gebratener Halloumi-Käse.

laktosefrei bzw. -arm	kuhmilch-frei	hefefrei	ohne Weizen	glutenfrei
x	x	x		

1 In einem Topf 1 Esslöffel Olivenöl erhitzen und die Zwiebel und den Knoblauch darin kurz anbraten. Die Champignons beigeben und einige Minuten schmoren, dabei mehrmals umrühren. Sobald die Champignons etwas gebräunt sind, den Bulgur mit dem Gemüsefond in den Topf geben und zugedeckt auf kleiner Flamme etwa 20 Minuten garen. Mit Salz und Pfeffer abschmecken und zwei Drittel der gehackten Kräuter unterrühren.

2 Die Hühnerfilets salzen und pfeffern und mit gehacktem Rosmarin bestreuen. 1 Esslöffel Olivenöl in einer Pfanne mit Deckel (oder Topf) erhitzen, die Filets darin 3 Minuten anbraten und wenden. Nach 1 Minute den Deckel aufsetzen und die Filets etwa 6 Minuten zugedeckt schmoren. Das Fleisch ist gar, wenn es auf Daumendruck nur leicht nachgibt.

3 Für die Zucchini-Nudeln die Enden des Zucchini abschneiden und diesen längs halbieren. Die Zucchinihälften auf ein Schneidebrett legen und mit einem Sparschäler längs in dünne Streifen schneiden. Die Zucchinistreifen nur kurz dämpfen oder in Salzwasser 1 Minute kochen.

4 1 Esslöffel Olivenöl mit Zitronensaft, den restlichen Kräutern, Salz und Pfeffer verrühren. Die Zucchini-Nudeln mit der Kräutermarinade beträufeln. Die Hühnerfilets mit dem Bulgur sowie den Zucchini-Nudeln auf Tellern anrichten.

497 kcal I 17 g F I 2,9 BE

Hühnerfilet mit Safrangemüse
und Kartoffeln

Zutaten für 2 Portionen

2	Hühnerbrustfilets (à 150 g)
300 g	Blumenkohlröschen (Karfiol)
300 g	fest kochende Kartoffeln, geschält, in 2 cm große Würfel geschnitten
1	kleine rote Zwiebel, in Ringe geschnitten
40 g	grüne Oliven, entkernt und halbiert
2 Tüten	Safran (à 0,12 g)
1	Lorbeerblatt
2 EL	Petersilie, gehackt
3 EL	Olivenöl
	schwarzer Pfeffer, frisch gemahlen
	Meersalz

1 Den Backofen auf 200 °C vorheizen. Die Safranfäden mit 100 ml kochendem Wasser übergießen und einige Minuten ziehen lassen.

2 Den Blumenkohl, die Kartoffelstücke, die Zwiebelringe, die Oliven, das Lorbeerblatt, 2 Esslöffel Olivenöl, Salz sowie den Safranaufguss in eine leicht eingeölte ofenfeste Form füllen und gut durchmischen. Die Form mit Alufolie abdecken und die Blumenkohl-Kartoffelmischung etwa 40 Minuten garen, dabei einmal durchrühren.

3 In einer Pfanne etwas Olivenöl erhitzen, die Hühnerfilets salzen und pfeffern und kurz beidseitig anbraten. Die Hühnerbrüste bei geschlossenem Deckel und geringer Hitze etwa 10 Minuten, abhängig von der Dicke der Filets, garen.

4 Das Hühnerfleisch mit dem Safrangemüse servieren.

Flexitarian-Variante: Anstelle des Hühnerfilets pro Person 150 g Austernpilze, mit Knoblauch gebraten.

laktosefrei bzw. -arm	kuhmilchfrei	hefefrei	ohne Weizen	glutenfrei
x	x	x	x	x

483 kcal | 23 g F | 1,9 BE

Rindersteak
mit gebratenen Pilzen, jungem Spinat und Kartoffelspalten

Zutaten für 2 Portionen

2	Rindersteaks (à 140 g)
1 EL	Rapsöl
200 g	Pilze (z. B. Kräuterseitlinge, Steinpilze), in ½ cm dicke Scheiben geschnitten
1 EL	Butter
	frischer Thymian
150 g	junger Blattspinat, gewaschen
1 EL	Rotwein- oder Balsamicoessig
250 g	Kartoffeln, gewaschen und gebürstet
1 EL	frischer Rosmarin, gehackt
2 EL	Olivenöl
	schwarzer Pfeffer, frisch gemahlen
	Meersalz

1 Den Backofen auf 200 °C vorheizen.

2 Die Kartoffeln ungeschält in Spalten schneiden und in einer Schüssel mit Olivenöl und Rosmarin gut vermischen. Fügen Sie ein wenig Wasser hinzu, das hilft die Ölmenge gering zu halten. Die Kartoffelspalten auf ein mit Backpapier belegtes Blech legen und im Backofen etwa 30 Minuten goldbraun backen. Mit Meersalz bestreuen.

3 Für den Spinatsalat ein Dressing aus Öl, Weinessig, Salz und Pfeffer vorbereiten.

4 Die Rindersteaks mit dem Öl bepinseln, pfeffern und salzen und in einer schweren Pfanne (ideal ist eine Grillpfanne) bei starker Hitze beidseitig etwa 3 Minuten braten (die Bratzeit ist abhängig von der Dicke der Steaks und Ihrer bevorzugten Garstufe). Die Steaks in Alufolie einschlagen und 5 Minuten ruhen lassen.

5 In einer beschichteten Pfanne die Butter erhitzen, den Thymian hinzugeben und die Pilzscheiben beidseitig kurz anbraten. Aus der Pfanne heben, salzen und pfeffern.

6 Die Rindersteaks und Kartoffelspalten auf zwei Teller geben. Die Spinatblätter mit dem Dressing marinieren, auf die beiden Teller verteilen und mit den gebratenen Pilzen belegen.

Flexitarian-Variante: Mit 1 Spiegelei oder 1 wachsweichen Ei pro Person servieren.

laktosefrei bzw. -arm	kuhmilch-frei	hefefrei	ohne Weizen	glutenfrei
x			x	x

478 kcal I 28 g F I 1,5 BE

Lammrücken
mit Quinoa-Erbsensalat

Zutaten für 2 Portionen

1	Lammrücken mit 8 Knochen, ca. 400–500 g *)
2	Zweige Rosmarin
80 g	Quinoa
250 g	Erbsen (TK)
100 g	kleine Radieschen, gewaschen und in Spalten geschnitten
3 EL	frische Minze, gehackt
1 EL	Zitronensaft, frisch gepresst
1 EL	Leinöl
2 EL	Olivenöl
	schwarzer Pfeffer, frisch gemahlen
	Meersalz

*) Lammkoteletts sind eine preiswerte Alternative zum Lammrücken

1 Den Backofen auf 200 °C vorheizen.

2 Den Lammrücken salzen und pfeffern und in einer ofenfesten Pfanne in etwas Olivenöl beidseitig anbraten. Die Rosmarinzweige auf das Fleisch legen und die Pfanne für etwa 15 Minuten in den Backofen stellen. Danach einige Minuten ruhen lassen.

3 Den Quinoa gut waschen und nach Packungsanleitung 20 Minuten weich kochen. Die Erbsen ebenfalls in wenig Salzwasser garen. Aus Oliven- und Leinöl, Zitronensaft, Salz und Pfeffer ein Dressing anrühren.

4 Den Quinoa, die Erbsen und Radieschen in einer Schüssel vermischen, die gehackte Minze und das Dressing unterrühren.

5 Den Lammrücken in 2 Portionen teilen und mit dem Quinoa-Erbsensalat anrichten.

Flexitarian-Variante: Pro Person 75 g Tofuwürfel unter den Quinoa mischen.

laktosefrei bzw. -arm	kuhmilchfrei	hefefrei	ohne Weizen	glutenfrei
x	x	x	x	x

564 kcal | 23 g F | 3,8 BE

Schweinefilet
mit Mangold-Kartoffeln

Zutaten für 2 Portionen

280 g	Schweinefilet, geputzt
300 g	fest kochende Kartoffeln, geschält, in 3 cm große Stücke geschnitten
350 g	Mangold, gewaschen, Stiele und Blätter getrennt
2 EL	Petersilie, fein gehackt
1 EL	körniger Senf
2 EL	Olivenöl
1 EL	Leinöl
	schwarzer Pfeffer, frisch gemahlen
	Meersalz

1 Den Backofen auf 120 °C vorheizen.

2 Die Kartoffelwürfel 20 Minuten dämpfen oder in Salzwasser garen, dann abgießen.

3 Die gehackte Petersilie mit dem Senf gut verrühren. Das Schweinefilet salzen und pfeffern und in einer beschichteten Pfanne in 1 Esslöffel Olivenöl einige Minuten von allen Seiten anbraten. Aus der Pfanne nehmen, mit der Senf-Petersilienmischung bestreichen und auf dem Gitterrost des Backofens auf einer Alufolie 25–30 Minuten garen.

4 In der Zwischenzeit die Mangoldstiele in 2 cm breite Streifen schneiden und mit den Kartoffelwürfeln in der beschichteten Pfanne in 1 Esslöffel Olivenöl etwa 8 Minuten braten, dabei mehrmals umrühren. Die Mangoldblätter hacken, in die Pfanne geben und weitere 2 Minuten garen. Mit Salz und Pfeffer würzen und 1 Esslöffel Leinöl untermischen.

5 Das Schweinefilet in dicke Scheiben schneiden und mit den Mangold-Kartoffeln servieren.

Bitte beachten Sie die Zutaten des Senfs.
Flexitarian-Variante: Pro Person 1 Spiegelei reichen.

laktosefrei bzw. -arm	kuhmilch-frei	hefefrei	ohne Weizen	glutenfrei
x	x	x	x	x

443 kcal I 19 g F I 1,9 BE

Kaninchenfilet
mit Couscous-Salat

Zutaten für 2 Portionen

300 g	Kaninchenfilet
80 g	Couscous
300 g	Paprika, rot/gelb/grün gemischt, klein gewürfelt
100 g	Zucchini, klein gewürfelt
5	Cocktailtomaten, halbiert
2 EL	Petersilie, gehackt
2 EL	frische Minze, gehackt
2 EL	Leinöl
1 EL	Zitronensaft, frisch gepresst
2 EL	Olivenöl
	schwarzer Pfeffer, frisch gemahlen
	Meersalz

1 Den Couscous nach Packungsanleitung garen.

2 Die Zucchiniwürfel in einer beschichteten Pfanne in 1 Esslöffel Olivenöl kurz anbraten, aus der Pfanne nehmen und zu den Paprikawürfeln geben.

3 Aus 1 Esslöffel Leinöl, dem Zitronensaft sowie Salz und Pfeffer ein Dressing anrühren. Die Paprika- und Zucchiniwürfel, die Cocktailtomaten sowie die gehackten Kräuter mit dem Couscous vermengen und mit dem Dressing vermischen.

4 Die Kaninchenfilets mit Salz und Pfeffer würzen. 1 Esslöffel Olivenöl in einer beschichteten Pfanne erhitzen und das Fleisch darin unter Wenden etwa 6 Minuten braten.

5 Das Fleisch einige Minuten zugedeckt ruhen lassen, dann in Medaillons schneiden und mit dem Couscous-Salat anrichten.

Flexitarian-Variante: Pro Person 60 g Fetakäse unter den Couscous mischen.

laktosefrei bzw. -arm	kuhmilchfrei	hefefrei	ohne Weizen	glutenfrei
x	x	x		

542 kcal I 25 g F I 2,4 BE

Lachsfilet
mit asiatischem Salat und Basmati-Naturreis

Zutaten für 2 Portionen

2	Lachsfilets (à 140 g)
1 EL	Honig
1 EL	Zitronensaft, frisch gepresst
2 EL	Sojasauce (Tamari)
1 TL	Wasabi
½ TL	Ingwer, frisch gerieben
1 TL	Rapsöl
100 g	Sojasprossen
100 g	Karotten, geschält
100 g	grüner Spargel (ersatzweise Stangensellerie oder Gurke)
1 EL	Sesamöl
1 EL	Sojasauce (Tamari)
1 EL	Zitronensaft
1 EL	Tahin (Sesampaste)
½ TL	Ingwer, frisch gerieben oder gepresst
1 EL	weiße Sesamkörner, geröstet
100 g	Basmati-Naturreis

Bitte beachten Sie die Zutaten der Sojasauce. (Tamari-Sojasauce ist weizen- und glutenfrei.) Flexitarian-Variante: Lachs durch 75 g Tofu pro Person ersetzen.

1 Den Basmati-Naturreis nach Packungsanleitung kochen.

2 Honig, Zitronensaft, Sojasauce, Wasabi und Ingwer verrühren. Die Lachsfilets damit rund 30 Minuten gekühlt marinieren.

3 Den Backofen auf 200 °C vorheizen.

4 Eine ofenfeste Form dünn mit Pflanzenöl bestreichen, den Lachs aus der Marinade heben, in die Form legen und im Backofen etwa 15 Minuten (je nach Dicke der Filets) garen.

5 Für die Salatmarinade Sesamöl, Sojasauce, Zitronensaft, Tahin und Ingwer verrühren. Die Sesamkörner in einer beschichteten Pfanne ohne Fett kurz rösten.

6 Die Karotten und den Spargel in dünne Streifen ähnlicher Länge wie die Sojasprossen schneiden. Die Sojasprossen und die Karotten- und Spargelstreifen kurz in Salzwasser blanchieren (Schnellvariante: das Gemüse in einem Sieb mit kochendem Wasser aus dem Wasserkocher übergießen), abgießen und kalt abschrecken. Mit dem Dressing vermischen und mit den Sesamkörnern bestreuen.

7 Die Lachsfilets mit dem Gemüse und dem Basmatireis servieren.

laktosefrei bzw. -arm	kuhmilchfrei	hefefrei	ohne Weizen	glutenfrei
x	x		x	x

Gebratenes Forellenfilet
mit Rhabarber-Fenchelrisotto

Zutaten für 2 Portionen

280 g	Forellenfilets
1	Schalotte, gehackt
100 g	Risottoreis
50 ml	Weißwein
300 ml	Gemüsefond, heiß
100 g	Rhabarber, geschält und gewürfelt
200 g	Fenchel, geputzt und klein gewürfelt
1 Handvoll Rucola (oder Kresse)	
2 EL	Olivenöl
	schwarzer Pfeffer, frisch gemahlen
	Meersalz

1 In einem Topf 1 Esslöffel Olivenöl erhitzen und die Schalottenwürfel darin kurz anbraten, aber nicht bräunen. Den Risottoreis zugeben und 1 Minute unter Rühren anschwitzen, dann mit dem Weißwein ablöschen. Sobald der Reis den Wein vollständig aufgenommen hat, nach und nach etwas heißen Gemüsefond hinzufügen, dabei immer wieder umrühren.

2 Nach 10 Minuten die Rhabarber- und Fenchelwürfel zugeben. Sobald der Risotto nach etwa 20 Minuten Kochzeit cremig, aber noch körnig ist, einen Teil des Rucolas grob hacken und einrühren. Den Risotto mit Salz und Pfeffer abschmecken, dann noch kurz durchziehen lassen.

3 Die Forellenfilets salzen und pfeffern und in einer beschichteten Pfanne in 1 Esslöffel Olivenöl auf der Hautseite etwa 3 Minuten braten. Wenden und 1 Minute auf der Fleischseite braten.

4 Den Risotto auf Tellern anrichten, die gebratenen Forellenfilets daraufsetzen und mit dem restlichen Rucola garniert servieren.

Bitte beachten Sie die Zutaten der Suppenwürze.
Flexitarian-Variante: 65 g Käse pro Person in das Risotto rühren.

laktosefrei bzw. -arm	kuhmilch-frei	hefefrei	ohne Weizen	glutenfrei
x	x		x	x

585 kcal I 16 g F I 3,3 BE

Tunfisch
mit Fenchel-Kartoffelpüree und Tomatenragout

Zutaten für 2 Portionen

2	Tunfischsteaks (à 150 g)
200 g	Fenchel, geputzt u. klein gewürfelt (Fenchelgrün aufheben)
200 g	Kartoffeln
5 EL	Garflüssigkeit vom Fenchel
1 kleine	rote Zwiebel, in dünne Scheiben geschnitten
150 g	Tomaten, gewürfelt
6	Oliven, entkernt und grob gehackt
1 Zweig	Thymian, Blätter abgezupft
2 EL	Olivenöl
	schwarzer Pfeffer, frisch gemahlen
	Meersalz

1 Die Fenchelwürfel in Salzwasser etwa 15 Minuten weich kochen. Gleichzeitig die Kartoffeln garen, abgießen und schälen. Mit der Garflüssigkeit vom Fenchel zu einem Püree verarbeiten (das geht für 2 Personen auch leicht mit einer Gabel). Die Fenchelwürfel untermischen und das Püree mit Salz abschmecken.

2 Für das Tomatenragout das Olivenöl in einem kleinen Topf erhitzen und die Zwiebelscheiben darin 2 Minuten anschwitzen. Die Tomatenstücke und Thymianblättchen hinzufügen, salzen und pfeffern und 10 Minuten bei geringer Hitze garen. Zuletzt die Olivenstücke zugeben.

3 Die Tunfischsteaks mit Olivenöl einpinseln und pfeffern. Eine Grillpfanne oder beschichtete Pfanne kräftig erhitzen und die Tunfischsteaks beidseitig jeweils 2 Minuten braten. Die Garzeit ist abhängig von der Dicke der Steaks; Sie sollten den Tunfisch – entsprechende Qualität vorausgesetzt – nicht ganz durchbraten, da er ansonsten trocken wird. Die gebratenen Steaks mit Meersalz bestreuen.

4 Die Tunfischsteaks mit dem Tomatenragout auf zwei Teller geben, das Fenchel-Kartoffelpüree daneben anrichten und mit Fenchelgrün garnieren.

Flexitarian-Variante: Pro Person 75 g Büffelmozarella.

laktosefrei bzw. -arm	kuhmilch-frei	hefefrei	ohne Weizen	glutenfrei
x	x	x	x	x

Matjes
mit Rote-Bete-Kohlrabi-Carpaccio

Zutaten für 2 Portionen

200 g	Matjesfilet, in mundgerechte Stücke geschnitten
150 g	Rote Bete (Rote Rüben), gegart
150 g	Kohlrabi, geschält
½	säuerlicher Apfel, geschält
½ EL	Zitronensaft
1 TL	Meerrettich (Kren), fein gerieben
1 EL	Schnittlauch, fein gehackt
1 EL	frischer Dill
1 EL	Olivenöl
	schwarzer Pfeffer, frisch gemahlen
	Meersalz
100 g	Roggenvollkornbrot

1 Den Kohlrabi in dünne Scheiben schneiden und in Salzwasser etwa 3 Minuten blanchieren, dann kalt abschrecken. Die Rote Bete ebenfalls in dünne Scheiben schneiden.

2 Den Apfel sehr fein reiben und 2 Esslöffel davon mit 1 Esslöffel Olivenöl, Zitronensaft und Meerrettich zu einer dicklichen Sauce verrühren. Mit Salz und Pfeffer abschmecken.

3 Die Kohlrabi- und Rote-Bete-Scheiben fächerartig auf zwei Tellern anrichten. Die Matjesstücke darauf verteilen und mit der Apfel-Meerrettichsauce beträufeln. Mit gehacktem Schnittlauch und Dillspitzen bestreuen.

4 Zum Matjes mit Rote-Bete-Kohlrabi-Carpaccio passt sehr gut Roggenvollkornbrot.

Bitte beachten Sie die Angaben zu den Brotzutaten.
Flexitarian-Variante: Pro Person 120 g gekochte weiße Bohnen anstelle des Matjes.

laktosefrei bzw. -arm	kuhmilchfrei	hefefrei	ohne Weizen	glutenfrei
x	x	x	x	

502 kcal | 30 g F | 2,5 BE

Gebratenes Lachsfilet
mit Spinat-Kartoffelpüree

Zutaten für 2 Portionen

300 g	Lachsfilet
250 g	Kartoffeln
300 g	Blattspinat, gut gewaschen
1	Knoblauchzehe, gepresst
1 Prise	Muskatnuss
1 EL	Leinöl
1 EL	Zitronensaft
2 EL	Olivenöl
	schwarzer Pfeffer, frisch gemahlen
	Meersalz

1 Die Kartoffeln kochen, schälen und noch warm durch die Kartoffelpresse drücken (das lässt sich auch mit einer Gabel bewerkstelligen).

2 Den Blattspinat in Salzwasser 3 Minuten blanchieren, abgießen und im Mixer oder in der Küchenmaschine pürieren. Dabei den Knoblauch hinzufügen. Den Spinat mit den gepressten Kartoffeln und 1 Esslöffel Leinöl gut durchmischen (nicht mixen!), mit Salz, Pfeffer, etwas Muskatnuss und der Hälfte des Zitronensafts abschmecken.

3 Das Lachsfilet in 2 Tranchen schneiden, beidseitig salzen und pfeffern und in einer beschichteten Pfanne mit 2 Esslöffeln Olivenöl zunächst auf der Hautseite anbraten. Nach etwa 3 Minuten (abhängig von der Filetdicke) wenden und auf der anderen Seite 1 Minute braten.

4 Das Spinat-Kartoffelpüree auf zwei Teller verteilen und die Lachsfilets darauf anrichten. Mit dem restlichen Zitronensaft beträufeln.

laktosefrei bzw. -arm	kuhmilch-frei	hefefrei	ohne Weizen	glutenfrei
x	x	x	x	x

461 kcal I 25 g F I 1,6 BE

Dillfisch
mit Frühlingspilaw

Zutaten für 2 Portionen

2	Kabeljaufilets (à 140 g)
1 EL	Dill, gehackt
1 EL	Zitronensaft, frisch gepresst
30 g	Butter
½	Zwiebel, in dünne Scheiben geschnitten
100 g	Artischocken (Glas oder Dose), abgetropft und geviertelt
100 g	Frühlingszwiebel, in 2 cm lange Stücke geschnitten
100 g	grüner Spargel, in Scheiben geschnitten, Spitzen ganz
50 g	Erbsen (TK)
1 Stück	Zimtrinde (ca. 4 cm)
4	Pimentkörner
80 g	Basmatireis
140 ml	Wasser
½ Bund	Dill, gehackt
1 EL	Petersilie, gehackt
1 EL	Minze, gehackt
1 EL	Olivenöl
	schwarzer Pfeffer, frisch gemahlen
	Meersalz

Flexitarian-Variante: Pro Person 75 g Schaf- oder Ziegenkäse.

laktosefrei bzw. -arm	kuhmilch-frei	hefefrei	ohne Weizen	glutenfrei
x		x	x	x

1 Den Basmatireis in leicht gesalzenem, lauwarmem Wasser etwa 1 Stunde einweichen.

2 Den Backofen auf 180 °C vorheizen.

3 Für den Frühlingspilaw die Butter mit Zimt und Piment in einer Pfanne leicht aufschäumen lassen. Die Zwiebelscheiben hinzugeben, salzen und bei mittlerer Hitze etwa 15 Minuten garen, bis sie leicht gebräunt sind. Die Frühlingszwiebel hinzufügen und 3 Minuten weitergaren. Den Reis abgießen und zu den Zwiebeln in die Pfanne geben. 1 Minute rühren, die Artischocken, den Spargel, die Erbsen, das Wasser, Petersilie und die Hälfte des Dills zufügen und salzen.

4 Ein Stück Butterbrotpapier in Pfannengröße auf die Reis-Gemüsemischung legen und die Pfanne mit einem Deckel schließen. Aufkochen und etwa 10 Minuten bei mäßiger Hitze garen. Dann vom Herd nehmen und 5 Minuten ruhen lassen.

5 Butterbrotpapier, Zimtrinde und Pimentkörner entfernen, den restlichen Dill und die Minze einrühren und mit Salz und Pfeffer abschmecken.

6 Die Fischfilets mit Olivenöl, etwas Dill, Zitronensaft, Salz und Pfeffer vermischen, in eine Bratfolie legen und im Backofen etwa 15 Minuten garen. Die Fischfilets aus der Bratfolie nehmen und mit dem Frühlingspilaw anrichten.

Grüner Spargel
mit Kapern-Kräuterdressing, wachsweichem Ei und Kartoffeln

Zutaten für 2 Portionen

2	Eier
500 g	grüner Spargel, holzige Enden entfernt
300 g	fest kochende Kartoffeln
4 EL	Kräuter (z. B. Minze, Kerbel, Basilikum, Petersilie), gehackt
1 EL	kleine Kapern, abgespült
1 EL	Zitronensaft, frisch gepresst
2 EL	Leinöl
2 EL	Olivenöl
	schwarzer Pfeffer, frisch gemahlen
	Meersalz

1 Die Kartoffeln in der Schale weich kochen, abgießen, schälen und grob würfeln.

2 Aus den Kräutern, den Kapern, Öl, Zitronensaft, Salz und Pfeffer das Dressing zubereiten.

3 Den Spargel etwa 6 Minuten dämpfen oder 4 Minuten in leicht gesalzenem Wasser kochen (möglichst aufrecht, um die zarten Spitzen nicht zu übergaren).

4 Die Eier 6 Minuten wachsweich kochen und vorsichtig schälen.

5 Den Spargel mit den Kartoffeln auf Teller verteilen, mit dem Dressing beträufeln und jeweils 1 Ei auf den Spargel setzen.

6 Alles nochmals leicht mit Salz und Pfeffer bestreuen.

laktosefrei bzw. -arm	kuhmilchfrei	hefefrei	ohne Weizen	glutenfrei
x	x	x	x	x

457 kcal | 29 g F | 1,9 BE

Pilz-Gemüse-Wok
mit Jasminreis

Zutaten für 2 Portionen

150 g	Austernpilze
150 g	Shiitakepilze
150 g	Brokkoli, in kleine Röschen zerteilt
100 g	Blattspinat, gewaschen
50 g	Frühlingszwiebel, in 3 cm lange Stücke geschnitten
2	Knoblauchzehen
2 TL	frischer Ingwer, gerieben
½	rote Chilischote, Samen entfernt, fein gehackt
1 EL	Sojasauce (Tamari)
1 EL	Austernsauce
1 EL	Zitronensaft, frisch gepresst
100 g	Jasminreis
3 EL	Sesamöl (erhitzbar)
	Meersalz
	schwarzer Pfeffer, frisch gemahlen

1 Die Brokkoliröschen in Salzwasser kurz blanchieren, dann abtropfen lassen.

2 Den Jasminreis nach Packungsanleitung garen.

3 Für die Würzpaste die Knoblauchzehen mit dem Ingwer und der Chilischote zerreiben. Die Sojasauce mit der Austernsauce und Zitronensaft in einer kleinen Schüssel verrühren.

4 In einem Wok das Sesamöl stark erhitzen und die Würzpaste darin etwa 30 Sekunden braten. Die Pilze, den Brokkoli und die Frühlingszwiebel hinzufügen und unter Rühren 2 Minuten kräftig anbraten. Die Sauce und die Spinatblätter unterrühren und gerade so lange weitergaren, bis die Spinatblätter zusammenfallen.

5 Die Pilz-Gemüsemischung mit Salz und Pfeffer abschmecken und mit dem Jasminreis servieren.

Flexitarian-Variante: ohne Austernsauce.

laktosefrei bzw. -arm	kuhmilchfrei	hefefrei	ohne Weizen	glutenfrei
x	x		x	x

Orientalischer Kichererbseneintopf
mit Mangold und Karotten

Zutaten für 2 Portionen

300 g	Kichererbsen aus der Dose, gut abgespült
100 g	Karotten, geschält und in dicke Scheiben geschnitten
200 g	Mangold mit dicken Stielen, gut gewaschen
½	Zwiebel, fein gewürfelt
1	Knoblauchzehe, fein gehackt
1 TL	abgeriebene Zitronenschale (unbehandelt)
2 TL	Kreuzkümmel (Cumin), gemahlen
1 TL	Paprikapulver, edelsüß
1 TL	Koriander, gemahlen
½	Chilischote, Kerne entfernt, fein geschnitten
100 ml	Tomatensaft
100 ml	Wasser
	frischer Koriander, Blätter abgezupft (ersatzweise Minze)
1 EL	Leinöl
2 EL	Olivenöl
	schwarzer Pfeffer, frisch gemahlen
	Meersalz

1 Die Mangoldstiele von den Blättern trennen und beides in breite Streifen schneiden; es sollten jeweils etwa 100 g sein.

2 In einem Topf oder einer tiefen Pfanne das Olivenöl erhitzen und die Zwiebel und den Knoblauch darin anschwitzen. Alle Gewürze inklusive der Chilischote hinzufügen und 2 Minuten braten, dann die Karottenstücke und Mangoldstiele hinzufügen und unter gelegentlichem Rühren etwa 5 Minuten braten.

3 Den Tomatensaft mit dem Wasser, den Kichererbsen und den Mangoldblättern in den Topf geben und gut verrühren. Mit Salz und Pfeffer abschmecken und zugedeckt bei reduzierter Hitze 10–15 Minuten garen. 1 Esslöffel Leinöl unterrühren.

4 Den Kichererbseneintopf anrichten und mit den Korianderblättern garnieren.

laktosefrei bzw. -arm	kuhmilchfrei	hefefrei	ohne Weizen	glutenfrei
x	x	x	x	x

Tagliatelle
mit Kohlrabi-Ziegenfrischkäsecreme und Oliven

Zutaten für 2 Portionen

150 g	Ziegenfrischkäse (45% F.i.T.)
300 g	Kohlrabi (geschält gewogen), klein gewürfelt (max. 1 cm)
½ EL	abgeriebene Zitronenschale (unbehandelt)
1 EL	Schnittlauch, gehackt
2 EL	schwarze Oliven, entkernt
150 g	frische Tagliatelle (oder 120 g getrocknete Pasta) schwarzer Pfeffer, frisch gemahlen Meersalz

1 Die Kohlrabiwürfel in Salzwasser 6 Minuten kochen, dann abgießen. Zwei Drittel des Kohlrabis mit zwei Dritteln des Frischkäses und der abgeriebenen Zitronenschale pürieren. Mit Salz und Pfeffer abschmecken.

2 Die Tagliatelle nach Packungsanleitung in reichlich Salzwasser al dente kochen, abgießen und mit der Kohlrabi-Käsecreme vermischen.

3 Die Pasta auf Tellern anrichten und mit dem restlichen Frischkäse, den restlichen Kohlrabiwürfeln, den Oliven und Schnittlauch bestreuen.

4 Evtl. einen frischen Blattsalat dazu servieren.

laktosefrei bzw. -arm	kuhmilch-frei	hefefrei	ohne Weizen	glutenfrei
	x	x		

513 kcal I 26 g F I 3,5 BE

Tagliatelle
mit Blumenkohl, Tomaten und Feta

Zutaten für 2 Portionen

150 g	Feta-Käse, zerbröselt
300 g	Blumenkohlröschen (Karfiol)
1	Schalotte, in dünne Ringe geschnitten
1	Knoblauchzehe, gepresst
4 EL	frische Petersilie, gehackt
100 g	Tomatenstücke (Dose)
10	Oliven nach Wahl
100 g	getrocknete Tagliatelle (oder eine andere lange Pasta)
1 EL	Olivenöl
	schwarzer Pfeffer, frisch gemahlen
	Meersalz

1 Das Olivenöl in einem kleinen Topf oder einer Pfanne erhitzen und die Schalottenringe darin kurz anschwitzen. Den Knoblauch und die Petersilie hinzufügen und nach einer halben Minute auch die Tomatenstücke in den Topf geben. Salzen und pfeffern und bei geringer Hitze etwa 10 Minuten köcheln lassen.

2 In der Zwischenzeit die Blumenkohlröschen in Salzwasser etwa 6–8 Minuten bissfest kochen oder dämpfen, abgießen und mit der Tomatensauce vermischen.

3 Die Pasta nach Packungsanleitung al dente kochen, abgießen und mit der Blumenkohl-Tomatensauce vermengen. Zwei Drittel des zerbröselten Feta-Käses untermischen.

4 Die Pasta auf Tellern anrichten und mit dem restlichen Feta sowie den Oliven bestreuen.

laktosefrei bzw. -arm	kuhmilch-frei	hefefrei	ohne Weizen	glutenfrei
x	x	x		

474 kcal I 22 g F I 2,9 BE

Lasagnette
mit Erbsencreme, Spargel und Artischocken

Zutaten für 2 Portionen

150 g	Ziegenfrischkäse
150 g	Erbsen (TK)
300 g	weißer Spargel, geschält, holzige Enden entfernt
70 g	eingelegte Artischocken, gut abgetropft und geviertelt
100 g	Lasagnette (oder Papardelle) schwarzer Pfeffer, frisch gemahlen Meersalz

1 Für die Erbsencreme die tiefgekühlten Erbsen in einem kleinen Topf mit 4 Esslöffeln Wasser 5 Minuten garen und dann mit dem Ziegenfrischkäse pürieren. Die Creme mit Salz und Pfeffer abschmecken.

2 Den Spargel in 2 cm lange Stücke schneiden (die Spitzen 4 cm lang) und etwa 10 Minuten bissfest dämpfen oder in Salzwasser kochen.

3 In der Zwischenzeit die Pasta in reichlich Salzwasser al dente kochen. Abgießen, zurück in den Kochtopf geben und mit der Erbsencreme vermischen. Die Spargelstücke untermischen, dabei ein paar Spargelspitzen zurückbehalten.

4 Die Lasagnette auf Teller verteilen, mit den Artischockenvierteln und Spargelspitzen belegen und mit ein wenig schwarzem Pfeffer bestreuen.

5 Die Pasta mit Blattsalat servieren.

laktosefrei bzw. -arm	kuhmilch-frei	hefefrei	ohne Weizen	glutenfrei
	x	x		

Das Herz lacht, wenn die Sonne scheint!

Der Sommer ist der Höhepunkt der Blüte und des Wachstums und die beste Zeit, um die Früchte des Gartens zu genießen.
Erfrischende Nahrungsmittel können die Hitze des Sommers ausgleichen. Salate wirken auf unseren Organismus kühlend. Saure Früchte wie z. B. Beeren verhindern zu starkes Schwitzen. Eine möglichst großzügige Verwendung von Kräutern macht Rohkost und auch Gegrilltes für unseren Körper bekömmlich. Aus Sicht der Traditionellen Chinesischen Medizin (TCM) ist der Sommer der Wandlungsphase Feuer zugeordnet: Es geht um die Öffnung des Menschen nach außen. Kommunikation, Mitgefühl, Intelligenz, Intuition, Erkenntnisfähigkeit, Interesse, Wissensdurst und Freude sind Facetten des Elements Feuer. Der Sommer strotzt vor Lebenslust, nicht umsonst finden in dieser Jahreszeit die meisten Feste statt. Also feiern Sie ausgiebig, und genießen Sie das Leben – nach dem Motto: „Geteilter Genuss ist doppelte Freude!"

Sommer

Warenkunde Sommergemüse

Tomaten (österr.: Paradeiser)
Die Tomate zählt zur Familie der Nachtschattengewächse und stammt ursprünglich aus Südamerika. Heute werden Tomaten weltweit kultiviert,
es existieren mehr als 2.000 verschiedene Sorten.
Aus botanischer Sicht handelt es sich um Beeren,
aufgrund ihrer Verwendung werden sie aber den
Fruchtgemüsen zugerechnet.

Tomaten sind längst nicht mehr ausschließlich rot.
Neben gelben und grünen Varietäten finden sich
auch orange, violette und sogar weiße bis schwar-
ze. Ebenso vielfältig sind die Tomatensorten
hinsichtlich ihrer Größe und Form.

Durch ihren Reichtum an Vitamin C decken schon
hundert Gramm ein Viertel des täglichen Bedarfs.
Dank ihres hohen Lycopin-Gehaltes (ein Carotino-
id, das auch für die Fruchtfarbe verantwortlich ist)
haben Tomaten eine krebsvorbeugende Wirkung
und verringern das Risiko für Herz-Kreislauf-Erkrankungen.

Rund achtzig Prozent der Tomatenernte werden
industriell verarbeitet, z. B. zu Saucen, Tomatenmark, Konserven.

Einkaufs- und Verarbeitungstipps:

- Tomaten sind zwar als Importware und aus Treib-
  hauszucht ganzjährig verfügbar, wirklich aromatische Früchte erhält man aber nur im Sommer – und hier am besten aus regionaler Ernte.
  Importware wird oft unreif geerntet und reift
  unter Ethylengas.

- Unreife Früchte enthalten Solanin, das in größeren Mengen giftig ist. Es befindet sich auch im Stielansatz, diesen daher immer entfernen.
- Kaufen Sie feste Früchte ohne Druckstellen. Aromatische Tomaten sollten auch entsprechend duften (nicht nur die Stiele!).

Top-Gehalt an: reichlich Vitamin C, daneben Vitamin A, B1, B2 und E sowie an Mineralstoffen, besonders Kalium; aufgrund des hohen Wassergehaltes (zw. 93% und 95%) weisen 100 g Tomaten nur rund 20 kcal auf.

Zucchini

Zucchini gehören zur Familie der Kürbisgewächse. Der Name Zucchini ist die italienische Verkleinerungsform für „zucca" – Kürbis.

Zucchini sind im mediterranen Raum sehr beliebt, vor allem in Italien, werden u. a. aber auch in Mitteleuropa und den USA kultiviert. Im deutschsprachigen Raum dominieren grüne Sorten; gelbschalige Früchte oder solche mit runder Form sind auch hier immer häufiger erhältlich.

In der Küche sind Zucchini äußerst vielseitig verwendbar – roh als Salat, gebraten und gegrillt, gekocht, gefüllt und für Aufläufe. In Italien und Frankreich sind gefüllte Zucchiniblüten ein beliebtes Gericht.
In den Handel kommen in der Regel Früchte mit einer Länge von zehn bis zwanzig Zentimetern, lässt man sie auswachsen, erreichen sie die Größe von Kürbissen. Wie andere Kürbisgemüse weisen Zucchini einen hohen Wassergehalt von rund neunzig Prozent auf und sind deshalb sehr kalorienarm (ca. 18 kcal je 100 g).

Einkaufs- und Verarbeitungstipps:

* Achten Sie beim Einkauf darauf, feste Früchte mit glatter Schale zu kaufen.

* Zucchini sind bei einer idealen Lagertemperatur von 8–10 °C über 1 Woche lagerfähig.

* Lagern Sie Zucchini nicht gemeinsam mit Tomaten oder Obst (z. B. Äpfel), da sie durch das darin enthaltene Ethylen weich und fleckig werden.

Top-Gehalt an: Vitamin C und K, Betacarotin (allerdings geringer als im Winterkürbis), Kalium und Magnesium.

Gurken

Die Gurke ist ein Kürbisgewächs. Die Hauptunterscheidung erfolgt in Salat- und Einlegegurken. Erstere kommen zum überwiegenden Teil als Treibhausgurken auf den Markt, nur ein kleiner Teil stammt aus dem Freilandanbau (Schäl- oder Landgurken).

Einlegegurken hingegen stammen fast ausschließlich aus dem Freilandanbau. Sie werden durch Milchsäure zu Salzgurken bzw. durch Einkochen mit Essigsud zu Gewürzgurken verarbeitet.

Als Zwischenform kommen verstärkt „Minigurken" auf den Markt, die das höhere Aroma der Einlegegurken mit der glatten Form der Salatgurke verbinden.

Die Gurke zählt zu den wasserreichsten und energieärmsten Gemüsearten. Der hohe Wassergehalt bewirkt eine erfrischende Wirkung und macht sie damit zu einem idealen Sommersalatgemüse.

Einkaufs- und Verarbeitungstipps:

- Salatgurken sollten nicht länger als 3 Tage bei 2 °C aufbewahrt werden, da dann bereits Kälteschäden auftreten; foliert und bei Temperaturen von 7–10 °C ist eine längere Aufbewahrung möglich.

- Gurken sollten nicht gemeinsam mit Tomaten und Obst aufbewahrt werden.

- Da der Großteil der Mineralstoffe in und direkt unterhalb der Schale sitzt, sollten Gurken möglichst nicht geschält, sondern nur gut gewaschen werden.

- Werden Gurken schlecht vertragen, so hilft es, sie zu schälen und die Kerne mit einem Löffel zu entfernen.

Top-Gehalt an: Kalium, Kalzium, Vitamin K.

Auberginen (österr.: Melanzani)
Die Auberginen gehören zur Familie der Nachtschattengewächse und stammen ursprünglich aus Indien. Über Arabien haben sie auch ihre Verbreitung in den Mittelmeerländern gefunden.
In Europa werden vorwiegend länglich-ovale dunkelviolette Sorten angebaut, während in Asien eine viel größere Sortenvielfalt vorzufinden ist. Das Sortenspektrum reicht hier von kleinen kugeligen bis zu 1000 Gramm schweren Früchten, es gibt weißschalige Sorten und gurkenförmig schlanke.
Auberginen werden in der Küche zumeist geschmort, gegrillt, gebraten, frittiert (dabei saugen sie allerdings viel Öl auf) oder gefüllt. Sie werden nicht roh gegessen, da sie leicht bitter schmecken und außerdem den Giftstoff Solanin enthalten, der beim Erhitzen abgebaut wird.

89

Berühmte Auberginengerichte sind das griechische Moussaka (ein Auflauf mit Auberginen und Gehacktem), das französische Ratatouille (ein Gemüseschmorgericht) sowie das arabische Baba Ghanoush (ein Auberginenpüree mit Sesampaste).

Einkaufs- und Verarbeitungstipps:

- Kaufen Sie Früchte mit glänzender und glatter Haut; der kurze Stielansatz verringert die Fäulnisgefahr.

- Reife Früchte lassen sich bei 8–10 °C bis zu 2 Wochen aufbewahren.

- Wie Zucchini sollen Auberginen nicht gemeinsam mit Tomaten und Obst aufbewahrt werden.

- Das in vielen Rezepten empfohlene Einsalzen der aufgeschnittenen Auberginenscheiben, um Bitterstoffe zu entziehen, ist bei den heute gängigen Sorten nicht mehr erforderlich, da die Bitterstoffe stark reduziert sind.

- Das rasche Verfärben des Fruchtfleisches unter Sauerstoffeinwirkung kann durch einige Spritzer Zitronensaft oder Öl verhindert werden.

Top-Gehalt an: Mangan (Bestandteil verschiedener Enzyme), Kalium und Kupfer.

Paprika (capsicum anuum)

Paprika zählt zu den Nachtschattengewächsen und ist eine Sammelbezeichnung für fruchtig-mild bis brennend-scharf schmeckende Beerenfrüchte unterschiedlichster Form und Farbe. Dementsprechend wird zwischen Gewürzpaprika (z. B. Peperoni) und Gemüsepaprika unterschieden

Dieses Gemüse stammt ursprünglich aus Südamerika und wurde von den Spaniern im 16. Jahrhundert nach Europa gebracht. Hier wurde auch mit der Züchtung milderer Sorten begonnen.

Wichtigster Inhaltsstoff ist das in den Samenkernen und Scheidewänden steckende Capsaicin, das für die Schärfe verantwortlich ist. Durch diese Scharfstoffe wirkt Paprika verdauungsfördernd, regt den Speichel und Magensaft an und aktiviert die Verdauungsorgane. In der Heilkunde wird Paprika in Form von Pflastern und Salben auch als Schmerzmittel angewendet (z. B. bei Rheuma und Muskelverspannungen).

Paprika wird heute weltweit in tropischen und gemäßigten Klimazonen angebaut. Durch Gewächshäuser wird die Vegetationszeit zudem verlängert, sodass er ganzjährig frisch verfügbar ist. In Europa sind die wichtigsten Anbauländer Spanien, Ungarn, Italien und der Balkan.

Gemüsepaprika wird roh genossen oder gebraten, gedünstet, gefüllt oder sauer eingelegt.

Die Farbe der Paprikaschoten ist abhängig vom Reifegrad. Grüne Schoten sind unreif und schwer verdaulich. Die reiferen gelben und vor allem die roten Schoten sind aromatischer und weisen zudem mehr Vitamin C auf als grüne Schoten. Neben dem Genuss der frischen Gemüseschoten ist Paprika auch als Gewürz – vor allem in Form des Paprikapulvers – von großer Bedeutung.

Dafür werden die Schoten zuerst getrocknet und dann gemahlen. Je nach Paprikasorte und Beigabe von Kernen und Scheidewänden entstehen unterschiedliche Schärfegrade (gereiht nach zunehmender Schärfe): extra, Delikatess, edelsüß, halbsüß, Rosenpaprika.

Einkaufs- und Verarbeitungstipps:

· Frische Paprikaschoten sind an ihrer glatten, festen Haut erkennbar.

· Die Schoten gründlich waschen, da sie oft mit Pestiziden belastet sind (oder Bio-Gemüse kaufen).

· Im Gemüsefach des Kühlschranks hält sich Paprika knapp 1 Woche, allerdings ist ein rasches Verbrauchen empfehlenswert, weil er rasch austrocknet.

· Stiel, Scheidewände, Kerne und jene Stelle, an der letztere sitzen (Plazenta), sollten vor der Verwendung entfernt werden.

· Paprika wird generell besser verdaut, wenn er geschält wird (rohe Schoten am besten mit einem Sparschäler; oder die Schoten grillen, bis die Haut schwarz wird, dann zugedeckt etwa 20 Minuten in einer Schüssel aufbewahren, danach die Haut entfernen).

Top-Gehalt an: Vitamin C, Tocopherolen (4 Vitamin E-Formen), Kalium, Magnesium und Calcium.

Chili (capsicum frutescens/capsicum chinese) Der Chili ist botanisch eng mit dem Paprika verwandt. Seine deutlich stärkere Schärfe ist durch den höheren Capsaicin-Gehalt bedingt. Dieser Scharfstoff steckt vorwiegend in den Rippen und Kernen der Schoten. Die Schärfe lässt sich daher durch Entfernen dieser Teile mildern.

Der Schärfegrad von Chilis wird zumeist anhand der zehnstufigen Scoville-Skala angegeben, wobei es sich hier nur um Richtwerte handelt, da die Schärfe durch Faktoren wie Licht, Boden, Erntezeitpunkt erheblich variieren kann.

Die positiven Wirkungen des Chilis auf den menschlichen Körper entsprechen jenen des Gewürzpaprikas (verdauungsfördernd, beugt Erkältungen vor), allerdings ist aufgrund der weitaus höheren Schärfe auch mehr Vorsicht geboten.

Einkaufs- und Verarbeitungstipps:

- Chilis werden als frische und getrocknete Schoten oder in Form von Chiliflocken und Pulver (Cayennepfeffer) angeboten und sind Bestandteil unzähliger scharfer Pasten (z. B. Sambal Olek, Harissa) und Saucen (Chilisaucen, Tabasco).

- Waschen Sie sich nach dem Verarbeiten scharfer Chilis die Hände sehr gründlich, greifen Sie sich nicht in die Augen; verwenden Sie am besten Küchenhandschuhe!

- Wasser ist kein Gegenmittel gegen zu viel Chiligenuss. Eher helfen ein Glas Milch, ein Stück Brot oder etwas Reis.

Karotten

Karotten gehören aufgrund ihrer wertvollen Inhaltsstoffe und der leichten Verdaulichkeit zu den besonders geschätzten Gemüse- und Heilpflanzen. Im Sommer werden die jungen, fingerförmigen Karotten vor allem in Bundform angeboten. Sie haben einen höheren Zuckergehalt und schmecken daher angenehm mild und fast süßlich. Im Herbst und Winter hingegen kommen gewaschene und abgepackte Karotten als wichtiges Winter- und Lagergemüse auf den Markt. Sie haben einen höheren Ballaststoffgehalt und weisen eine eher kegelförmige Form auf. Auch bei den Karotten sind zunehmend alte, besonders geschmacksintensive Sorten wie z. B. Ochsenherz und Purple Dragon erhältlich.

Dank ihres Inhaltsstoffes Carotin stärken Karotten die Sehkraft, sie reinigen das Blut, tragen zur Hautbräunung bei und wirken bei rohem Genuss harntreibend, antibakteriell und blutbildend. Karotten sind vielseitig verwendbar – sie schmecken als gesunder Rohkostsnack ebenso wie als Suppe oder schmackhafte Beilage.

Einkaufs- und Verarbeitungstipps:

- Die Wurzeln sollen fest und knackig sein und eine kräftige, gleichmäßige Farbe aufweisen. Je kräftiger ihr Farbton ist, umso höher sind auch die enthaltenen Nährstoffe.

- Der Nitratgehalt ist bei kleinen unreif geernteten Karotten höher als bei großen Exemplaren.

- Von Bundkarotten sollten Sie das Grün entfernen, da es den Wurzeln Feuchtigkeit entzieht, und die Karotten rasch verbrauchen.

- Karotten nicht unmittelbar nach dem Kauf (und vor der Einlagerung) waschen, da dies die Haltbarkeit reduziert.

- Da die Schale sehr viele Inhaltsstoffe enthält, empfiehlt es sich, Karotten möglichst nur zu bürsten.

- Das Zerkleinern der Karotten sowie die Zugabe von etwas Fett verbessern die Aufnahme des wertvollen Beta-Carotins. Optimal ist es zum Beispiel, eine Karottensuppe mit ein paar Tropfen eines kaltgepressten Öles zu beträufeln.

Top-Gehalt an: Beta-Carotin (eine Vorstufe des Vitamins A) sowie Kalium, Calcium und Eisen, Vitamin K, Folsäure und Mangan.

Gartenbohnen (grüne Bohnen, österr.: Fisolen)
Die grünen Bohnen gehören zur Familie der Hül-
senfrüchtler und werden aufgrund ihrer Wuchs-
form unterteilt in Busch- und Stangenbohnen bzw.
Kletterbohnen. Nach ihrer Hülsenfarbe erfolgt
auch eine Unterscheidung in grün-, gelb- und blau-
hülsige Bohnen. Ausgesuchte zarte grüne Bohnen
werden als Prinzessbohnen bezeichnet. Sehr feine
Sorten kommen aus Kenia und Frankreich.

Grüne Bohnen wirken wassertreibend, ihr relativ
hoher Ballaststoffgehalt macht sie verdauungsfördernd, und das in ihnen enthaltene Saponin,
ein sekundärer Pflanzenstoff, verleiht ihnen eine
krebsvorbeugende Wirkung.

Grüne Bohnen dürfen nur in gegartem Zustand
konsumiert werden. Beim Garen wird das enthaltene Phasin (ein gesundheitsschädlicher Eiweiß-
stoff) abgebaut, das zu Erbrechen und schweren
Magen-Darm-Beschwerden führen kann.

Einkaufs- und Verarbeitungstipps:

- Frische grüne Bohnen bleiben ungekühlt nur
  wenige Stunden frisch. In ein feuchtes Tuch
  eingeschlagen lassen sie sich im Gemüsefach
  des Kühlschranks einige Tage lagern.

- Grüne Bohnen können blähend wirken. Die Beigabe von Kümmel, Fenchel oder Anis macht sie
  leichter verdaulich.

Top-Gehalt an: Eiweiß, Kalzium, Kalium, Magnesium, Phosphor und Eisen.

Fenchel

Der Fenchel gehört zur Pflanzenfamilie der Dol-denblütler. Er stammt ursprünglich aus dem medi-terranen Raum, ist aber heute weltweit verbreitet. Unterschieden werden die beiden Hauptsorten Gemüse- und Gewürzfenchel.

Der Gemüsefenchel (auch Knollen- oder Zwie-belfenchel) wird entweder fein geschnitten roh in Salaten, als Bestandteil von Gemüsegerichten oder als Gemüsebeilage (gebraten oder gedünstet; vor allem zu Fisch) gegessen. Fenchel schmeckt aufgrund eines ätherischen Öles sehr intensiv und würzig. Auch die Blätter, das Fenchelgrün, können zum Würzen von Suppen, Salaten und Saucen verwendet werden. Der Gemüsefenchel ist sehr vitamin- und mineralstoffreich.

Beim Gewürzfenchel (Süßfenchel) handelt es sich um nach Anis schmeckende Samen, die zum Würzen oder für Tees verwendet werden. Er wirkt verdauungsfördernd und gegen Blähungen und macht fette und schwer verdauliche Speisen bekömmlicher. Außerdem ist er harntreibend, ent-zündungshemmend und fördert die Milchbildung bei Stillenden. Fenchel ist zudem ein beliebtes Brot- und Wurstgewürz (z. B. in der toskanischen Finocchiona).

Gewürzfenchel findet auch in der Herstellung von anishaltigen Spirituosen wie Absinth, Pastis, Ouzo etc. Verwendung.

Einkaufs- und Verarbeitungstipps:

- Achten Sie beim Kauf von Gemüsefenchel da-rauf, dass die Knollen fest und weiß bis hellgrün sind.

- Das Fenchelgrün und die Schnittstellen der Stiele dürfen nicht ausgetrocknet wirken. Die Knollen sollen auch keine braunen Druckstellen aufweisen.

- Lagern Sie den Fenchel im Gemüsefach des Kühlschranks max. 5 Tage.

- Die Fenchelknollen vor der Zubereitung gut waschen, da sie oft in den Zwischenräumen sandig sind.

Top-Gehalt an: Vitamin C, K und E, Beta-Karotin, Folsäure und Mineralstoffen (Kalium, Kalzium, Magnesium, Eisen, Mangan).

Truthahnfilet
mit Zucchini-Kaperngemüse und Naturreis

Zutaten für 2 Portionen

300 g	Truthahnfilet
400 g	Zucchini, klein gewürfelt
6	Cocktailtomaten, geviertelt
3 EL	Kapern, abgespült
100 g	Naturreis
1 EL	abgeriebene Zitronenschale (unbehandelt)
3 EL	Olivenöl
	schwarzer Pfeffer, frisch gemahlen
	Meersalz

1 Den Backofen auf 180 °C vorheizen.

2 Den Naturreis mit der doppelten Menge Wasser unter Beigabe der Zitronenschale und etwas Salz etwa 25 Minuten weich kochen.

3 Das Truthahnfilet salzen und pfeffern und in einer ofenfesten Pfanne rundum anbraten. Die Pfanne in das Backrohr geben und das Fleisch etwa 20 Minuten garen. Danach einige Minuten ruhen lassen.

4 In der Zwischenzeit das restliche Öl in einer beschichteten Pfanne erhitzen und die Zucchiniwürfel darin 5 Minuten braten, dabei mehrmals umrühren. Zur Hälfte der Bratzeit die Tomatenstücke und Kapern hinzufügen und das Gemüse pfeffern und sparsam salzen.

5 Das Truthahnfilet in Scheiben schneiden und mit Zucchinigemüse sowie dem Zitronenreis servieren.

Flexitarian-Variante: Pro Person 120 g kleine gekochte weiße Bohnen unter das Gemüse mischen.

laktosefrei bzw. -arm	kuhmilch-frei	hefefrei	ohne Weizen	glutenfrei
x	x	x	x	x

Hühnerspieß
mit Zucchini und Paprika auf Wildreis

Zutaten für 2 Portionen

300 g	Hühnerfilet, grob gewürfelt
½	rote Chili, entkernt und klein gehackt
1	Knoblauchzehe, klein gehackt
½ EL	abgeriebene Zitronenschale
½ EL	Rosmarin, fein gehackt
175 g	Zucchini, in fingerdicke Scheiben geschnitten
1	rote Paprikaschote, entkernt und in Rauten geschnitten
50 g	Wildreis
2 EL	frische Kräuter (Petersilie, Minze, Schnittlauch), gehackt
3 EL	Olivenöl
4 EL	Ajvar (Mus aus Paprika) schwarzer Pfeffer, frisch gemahlen Meersalz

1 Die gewürfelte Hühnerbrust mit Chili, Knoblauch, Zitronenschale und gehacktem Rosmarin vermischen und mindestens 30 Minuten marinieren.

2 Den Backofen auf höchster Grillstufe oder auf 220 °C vorheizen.

3 Das marinierte Hühnerfleisch, die Zucchinischeiben sowie die Paprikastücke abwechselnd auf zwei mindestens 25 cm lange Spieße *) stecken. Die Spieße mit Olivenöl bepinseln, salzen und pfeffern. Eine ofenfeste Form mit Öl bestreichen, die Spieße hineinlegen und im Backofen 20–25 Minuten garen, dabei einmal wenden.

4 Den Wildreis in 1 Liter gesalzenem Wasser 30 Minuten kochen, dann abgießen.

5 Die gehackten Kräuter und 1 Esslöffel Olivenöl unter den Reis mischen.

6 Den Wildreis auf zwei Tellern anrichten und die Hühnerspieße daraufsetzen.
Etwas Ajvar als Dipp dazu reichen.

Flexitarian-Variante: Den Spieß mit 75 g Halloumi pro Person zubereiten.

*) Bei Verwendung von Holzspießen diese zuvor mindestens 30 Minuten in Wasser einweichen. Dadurch lässt sich das Fleisch leichter von den Spießen lösen.

laktosefrei bzw. -arm	kuhmilch-frei	hefefrei	ohne Weizen	glutenfrei
x	x		x	x

Orientalische Hühnerrouladen
mit grünen Bohnen und Naturreis

Zutaten für 2 Portionen

2	Hühnerbrüste (à 150 g)
100 g	Blattspinat, gehackt
1	Knoblauchzehe, gehackt
4 EL	getrocknete Tomaten, klein gehackt
4 EL	grüne Oliven, entkernt und klein gehackt
2 TL	Zaatar *)
Bohnen:	
250 g	grüne Bohnen (Fisolen), geputzt und halbiert
1	kleine Zwiebel, in dünne Ringe geschnitten
2	Knoblauchzehen, in Scheiben geschnitten
1	kleiner Bund frischer Koriander, Blätter abgezupft und grob gehackt
2 EL	Olivenöl
	schwarzer Pfeffer, frisch gemahlen
	Meersalz
80 g	Naturreis

*) arab. Gewürzmischung

Flexitarian-Variante: Pro Person 75 g Halloumi-Grillkäse.

laktosefrei bzw. -arm	kuhmilchfrei	hefefrei	ohne Weizen	glutenfrei
x	x	x	x	x

1 Den Backofen auf 180 °C vorheizen.

2 In einer Pfanne etwas Öl erhitzen und den Blattspinat mit dem Knoblauch darin einige Minuten garen, bis er zusammengefallen ist. Den Spinat in einer Schüssel mit den gehackten Oliven und getrockneten Tomaten vermischen, leicht salzen und pfeffern.

3 Die Hühnerbrüste an der Längsseite aufschneiden (wie beim Aufschneiden einer Semmel), aber nicht ganz durchschneiden. Aufklappen, möglichst flach drücken und beidseitig mit Zaatar, Pfeffer und Salz würzen. Mit der Fülle bestreichen, einrollen und die Rouladen mit je 2 Zahnstochern fixieren. In einer Pfanne 1 Esslöffel Öl erhitzen und die beiden Rouladen darin rundherum 5 Minuten anbraten. Dann den Wein angießen. Die Pfanne mit einem Deckel schließen und die Rouladen im Backofen etwa 25 Minuten garen. Die grünen Bohnen in Salzwasser etwa 10 Minuten kochen, abgießen und abtropfen lassen.

4 In einer Pfanne etwas Olivenöl erhitzen und die Zwiebelringe und Knoblauchscheiben darin bei geringer Hitze anbraten. Die grünen Bohnen in die Pfanne geben und kurz mit braten. Die Pfanne vom Herd nehmen und die Korianderblätter unterheben. Die Bohnen auf zwei Tellern anrichten, die Hühnerrouladen aufschneiden und auf die Bohnen setzen. Mit etwas Schmorsaft beträufelt servieren. Dazu den Reis reichen.

509 kcal I 14 g F I 2,6 BE

Kalbskotelett
mit Grüne-Bohnen-Kartoffelsalat

Zutaten für 2 Portionen

2	Kalbskoteletts (à ca. 225 g)
400 g	grüne Bohnen (Fisolen), gewaschen u. geputzt (netto ca. 300 g)
300 g	kleine Bio-Kartoffeln, gewaschen und gebürstet
3 TL	körniger Senf
1 EL	Zitronensaft
3 EL	Olivenöl
	schwarzer Pfeffer, frisch gemahlen
	Meersalz

1 Die Kartoffeln in Salzwasser etwa 25 Minuten gar kochen.Den Ofen auf höchster Grillstufe oder auf 220 °C vorheizen.

2 Die grünen Bohnen in Salzwasser 10 Minuten kochen oder dämpfen.

3 Aus Senf, der Hälfte des Olivenöls sowie dem Zitronensaft und wenig Salz und Pfeffer ein Salatdressing anrühren. Die Kartoffeln und die grünen Bohnen in einer Schüssel mit dem Dressing gut vermischen.

4 Die Kalbskoteletts salzen und pfeffern. In einer Grillpfanne oder einer Pfanne mit schwerem Boden das restliche Öl kräftig erhitzen und die Koteletts beidseitig jeweils etwa 4 Minuten braten. Einige Minuten in Alufolie eingeschlagen ruhen lassen.

5 Die Kalbskoteletts mit dem Grüne-Bohnen-Kartoffelsalat servieren.

Bitte beachten Sie die Zutaten des Senfs. Flexitarian-Variante: Mit 1 Spiegelei pro Person servieren.

laktosefrei bzw. -arm	kuhmilch-frei	hefefrei	ohne Weizen	glutenfrei
x	x	x	x	x

Rumpsteak-Tagliata
mit Grillgemüse

Zutaten für 2 Portionen

300 g	Rumpsteak
500 g	Gemüse Ihrer Wahl, z.B.:
1	Zucchini, längs in ½ cm dicke Streifen geschnitten
½	Aubergine (Melanzani), in 1 cm dicke Scheiben geschnitten
½	Fenchelknolle, in ½ cm dicke Scheiben geschnitten
2	Paprikaschoten
3 EL	gehackte Kräuter (Basilikum, Petersilie)
2 EL	gehackte Oliven
1 EL	Zitronensaft
3 EL	Olivenöl
	schwarzer Pfeffer, frisch gemahlen
	Meersalz
100 g	Gebäck

1 Den Grill aufheizen oder eine Grillpfanne kräftig erhitzen.

2 Das Gemüse mit 1 Esslöffel Öl bepinseln und portionsweise auf einer Grillschale auf dem Grill bzw. in der Pfanne grillen, dabei einmal wenden. Das gegrillte Gemüse auf eine Platte legen.

3 1 ½ Esslöffel Olivenöl mit dem Zitronensaft, den gehackten Kräutern und Oliven sowie Salz und Pfeffer verrühren und das gegrillte Gemüse damit marinieren.

4 Das Rumpsteak mit einem halben Esslöffel Öl bestreichen, salzen und pfeffern und auf dem Grill bzw. in der Pfanne beidseitig jeweils etwa 3 Minuten garen (abhängig von Ihrer bevorzugten Garstufe und der Dicke des Steaks).

5 Das Fleisch abgedeckt 10 Minuten ruhen lassen.

6 Das Steak in Scheiben schneiden und auf dem Grillgemüse anrichten. Dazu passt Olivenbrot sehr gut.

Bitte beachten: Weizen- und hefefrei je nach gewählter Brotsorte.
Flexitarian-Variante: 150 g gegrillte Austernpilze pro Person.

laktosefrei bzw. -arm	kuhmilch-frei	hefefrei	ohne Weizen	glutenfrei
x	x	x		

Lammfleischbällchen
mit Tomatensauce und Kräuterbulgur

Zutaten für 2 Portionen

250 g	mageres Hackfleisch (Faschiertes) vom Lamm
175 g	Aubergine (Melanzani), klein gewürfelt
1	Knoblauchzehe, gehackt
2 EL	Petersilie, gehackt
1 TL	Minze, getrocknet
1 TL	Kreuzkümmel
10 g	Pinienkerne
½ EL	abgeriebene Zitronenschale (unbehandelt)
2	Knoblauchzehen, gehackt
½	Zwiebel, fein gewürfelt
250 g	frische Tomatenwürfel
1 TL	Minze, getrocknet
1 Stück	Zimtrinde (3 cm) oder ½ TL Zimt, gemahlen
50 g	Bulgur
5 EL	frische Kräuter (Petersilie, Minze, Basilikum), gehackt
1 EL	Zitronensaft
1 EL	Olivenöl
	schwarzer Pfeffer, frisch gemahlen
	Meersalz

Flexitarian-Variante: Mit 75 g Feta-Käse pro Person servieren.

laktosefrei bzw. -arm	kuhmilch-frei	hefefrei	ohne Weizen	glutenfrei
x	x	x		

1 Den Backofen auf 180 °C vorheizen.

2 Die Auberginenwürfel mit einem halben Esslöffel Olivenöl vermischen und in einer ofenfesten Form im Backofen 30 Minuten garen. Dann aus dem Ofen holen und etwas abkühlen lassen.

3 Die Auberginenwürfel mit dem Lammfleisch, den Pinienkernen, Kräutern und Gewürzen gut vermischen und kräftig mit Salz und Pfeffer würzen. Aus der Masse golfballgroße Bällchen formen und leicht flach drücken. In einer beschichteten Pfanne in einem halben Esslöffel Olivenöl beidseitig braten, bis sie leicht gebräunt sind. Die Fleischbällchen in die ofenfeste Form setzen und im Backofen 6 Minuten fertig garen.

4 Für die Tomatensauce einen halben Esslöffel Olivenöl in einem kleinen Topf erhitzen und die Zwiebel und den Knoblauch darin kurz anschwitzen. Die Tomatenwürfel, Minze und Zimt hinzufügen, salzen, pfeffern und auf kleiner Flamme etwa 20 Minuten köcheln lassen. Die Zimtrinde wieder entfernen.

5 Den Bulgur nach Packungsanleitung garen. Die gehackten Kräuter und den Zitronensaft untermischen.

6 Die Tomatensauce auf zwei Teller verteilen, die Fleischbällchen daraufsetzen und mit Kräuterbulgur servieren.

Zanderfilet
mit Letscho-Gemüse und Rosmarinkartoffeln

Zutaten für 2 Portionen

300 g	Zanderfilet
300 g	Paprika (rot/gelb/grün), in Streifen geschnitten
½	rote Zwiebel, in dünne Scheiben geschnitten
1	Knoblauchzehe, fein gehackt
3	Tomaten, geachtelt, Kerne herausgedrückt
3 EL	frischer Majoran (ersatzweise 3 TL getrockneter)
300 g	fest kochende Kartoffeln, gewaschen und gebürstet, längs in Spalten geschnitten
1 EL	frischer Rosmarin, gehackt
3 EL	Olivenöl
1 EL	Zitronensaft
	schwarzer Pfeffer, frisch gemahlen
	Meersalz

Flexitarian-Variante: Pro Person 75 g gebratener Halloumi.

laktosefrei bzw. -arm	kuhmilch-frei	hefefrei	ohne Weizen	glutenfrei
x	x	x	x	x

1 Den Backofen auf 180 °C vorheizen.

2 Die Kartoffelspalten mit 1 Esslöffel Olivenöl sowie einem halben Esslöffel Zitronensaft und dem gehackten Rosmarin in einer Schüssel gut vermischen und auf ein mit Backpapier ausgelegtes Backblech legen. Im Ofen etwa 30 Minuten goldbraun backen.

3 In der Zwischenzeit für das Letscho-Gemüse 1 Esslöffel Olivenöl in einem Topf erhitzen und die Zwiebelscheiben darin 2 Minuten anschwitzen. Die Paprikastreifen und den Knoblauch hinzufügen und weitere 3 Minuten garen. Dann die Tomatenstücke und die Hälfte des Majorans (bei Verwendung von getrocknetem Majoran den ganzen) mit 4 Esslöffeln Wasser einrühren, mit Salz und Pfeffer würzen und das Gemüse zugedeckt etwa 15–20 Minuten weich schmoren. Den restlichen Majoran hinzufügen.

4 Das Zanderfilet in 2 Portionen teilen, mit Salz und Pfeffer würzen und in einer beschichteten (ofenfesten) Pfanne mit 1 Esslöffel Öl auf der Hautseite 2 Minuten anbraten. Dann ins Backrohr geben und etwa 5 Minuten fertig garen. Das Letscho-Gemüse auf zwei Tellern anrichten, jeweils ein Stück Zanderfilet daraufgeben und mit etwas Zitronensaft beträufeln.

5 Die Kartoffelspalten mit Meersalz bestreuen und als Beilage servieren.

Tunfisch-Salat

Zutaten für 2 Portionen

200 g	Tunfischfilet, in 1 cm dicke Scheiben geschnitten
2 Stk.	Selleriestangen, in dünne Scheiben geschnitten
150 g	Kartoffeln, gekocht, geschält und in Scheiben geschnitten
150 g	Gurke, geschält, längs halbiert und in Scheiben geschnitten
1	kleine grüne Paprikaschote, in Streifen geschnitten
3	Tomaten, in Spalten geschnitten
4	Sardellenfilets
6	schwarze Oliven
1 Handvoll	Blattsalate
1 EL	Zitronensaft
2 EL	Olivenöl
	schwarzer Pfeffer, frisch gemahlen
	Meersalz

1 Die Sellerie-, Gurken- und Kartoffelscheiben mit den Paprikastreifen und Tomatenspalten in eine Schüssel geben.

2 Aus 1½ Esslöffeln Olivenöl, Zitronensaft, Salz und Pfeffer ein Dressing zubereiten und das Gemüse damit marinieren.

3 Die Blattsalate auf zwei Teller verteilen und mit dem marinierten Gemüse dekorativ belegen.

4 In einer beschichteten Pfanne das restliche Öl kräftig erhitzen. Die Tunfischscheiben pfeffern und salzen und nur kurz beidseitig anbraten.

5 Die Tunfischscheiben mit den Sardellenfilets und Oliven auf den beiden Salattellern anrichten und sofort servieren.

Flexitarian-Variante: Pro Person 2 Eier anstelle des Tunfischs.

laktosefrei bzw. -arm	kuhmilch-frei	hefefrei	ohne Weizen	glutenfrei
x	x	x	x	x

516 kcal | 32 g F | 1,1 BE

Sommerlicher Fischeintopf

Zutaten für 2 Portionen

300 g	weißes Fischfilet (z. B. Heilbutt, Seeteufel, Kabeljau), in mundgerechte Stücke geschnitten
150 g	Fenchel, klein gewürfelt (Fenchelgrün aufheben)
50 g	Lauch, längs halbiert, in Scheiben geschnitten
1	Knoblauchzehe, gehackt
1	Lorbeerblatt
½	Orange, unbehandelt, abgeriebene Schale und Saft davon
1 Tüte	Safran (0,12 g)
1 Prise	Chili (oder ½ Chilischote, entkernt und fein geschnitten)
125 ml	trockener Weißwein
150 g	Tomaten, Strunk entfernt, grob geschnitten
300 ml	Wasser
300 g	fest kochende Kartoffeln, in 3 cm große Stücke geschnitten
100 g	Zucchini, klein gewürfelt
6	Basilikumblätter, fein gehackt
2 EL	Olivenöl
	schwarzer Pfeffer, frisch gemahlen
	Meersalz

1 Den Safran mit dem ausgepressten Orangensaft verrühren.

2 Olivenöl in einem breiten Topf erhitzen und den Fenchel, Lauch und Knoblauch darin 3 Minuten anschwitzen. Das Lorbeerblatt sowie die abgeriebene Orangenschale hinzufügen und mit dem Weißwein ablöschen. Zwei Drittel des Safran-Orangensaftes, die Tomatenstücke und das Wasser ebenfalls in den Topf geben und aufkochen.

3 Mit Salz, Pfeffer und, falls gewünscht, Chili würzen. Die Kartoffelstücke in den Topf zugeben und zugedeckt etwa 25 Minuten bissfest garen.

4 Die Fischstücke, die Zucchiniwürfel und die Hälfte des Basilikums hinzufügen und bei geringer Hitze weitere 5 Minuten sanft köcheln lassen. Dabei nur wenig umrühren, damit der Fisch möglichst wenig zerfällt. Nochmals mit Salz und Pfeffer abschmecken.

5 Das Lorbeerblatt entfernen und den Fischeintopf in zwei großen, tiefen Tellern anrichten. Mit dem restlichen Safran-Orangensaft beträufeln und mit Basilikum und Fenchelgrün bestreuen.

laktosefrei bzw. -arm	kuhmilchfrei	hefefrei	ohne Weizen	glutenfrei
x	x		x	x

Goldbrasse,
im Ofen gebraten mit Fenchel, Kartoffeln und Tomaten

Zutaten für 2 Portionen

2	küchenfertige Goldbrassen (à 350–400g)
300 g	Kartoffeln, geschält und in Scheiben geschnitten
1	große Fenchelknolle, in ½ cm dicke Scheiben geschnitten (Fenchelgrün aufbewahren)
2	Tomaten, Strunkansatz entfernt und in Scheiben geschnitten
2	Thymianzweige
½	unbehandelte Zitrone, in Scheiben geschnitten
10	Oliven
1 Spritzer	Weißwein (30 ml)
3 EL	Olivenöl schwarzer Pfeffer, frisch gemahlen Meersalz

1 Den Backofen auf 220 °C aufheizen.

2 Ein Backblech mit Backpapier auslegen, die Kartoffel- und Fenchelscheiben darauf verteilen, wenig salzen und pfeffern, mit 1 Esslöffel Olivenöl beträufeln und in den Backofen schieben.

3 Die Brassen an der dicksten Stelle einige Male quer einschneiden (ziselieren) und sowohl außen als auch in der Bauchhöhle salzen und pfeffern. Jeweils etwas Fenchelgrün, 1 Thymianzweig und 1 Zitronenscheibe in die Bauchhöhle geben.

4 Nach 10 Minuten Garzeit das Backblech aus dem Ofen holen, die Tomatenscheiben auf die Kartoffel- bzw. Fenchelscheiben legen, etwas salzen und pfeffern und die Brassen daraufsetzen. Mit je 1 Zitronenscheibe belegen und mit etwas Olivenöl beträufeln. Die Oliven auf dem Backblech verteilen.

5 Die Brassen mit dem Gemüse und den Kartoffeln weitere 20–25 Minuten im Ofen garen. 5 Minuten vor Ende der Garzeit etwas Weißwein über die Fische und das Gemüse spritzen.

6 Das geschmorte Gemüse mit den Brassen sowie den Kartoffeln und Oliven anrichten.

laktosefrei bzw. -arm	kuhmilch-frei	hefefrei	ohne Weizen	glutenfrei
x	x		x	x

Kalmare
mit gebratenem Paprika, roter Salsa und Rosmarinkartoffeln

Zutaten für 2 Portionen

300 g	küchenfertige kleine Kalmare
1	große rote Paprikaschote, in mundgerechte Stücke geschnitten
½	rote Paprikaschote, grob geschnitten
1	Tomate, Strunk entfernt und grob geschnitten
1	Knoblauchzehe, gepresst
10	Minzeblätter
1 TL	Korianderkörner, zerstoßen
300 g	Kartoffeln, gewaschen und gebürstet, in dicke Scheiben geschnitten
1 EL	Rosmarin, gehackt
1 Handvoll	Rucola-Blätter, gewaschen
1	unbehandelte Zitrone, Schale abgerieben und ausgepresst
3 EL	Olivenöl
	schwarzer Pfeffer, frisch gemahlen
	Meersalz

Flexitarian-Variante: Pro Person 150 gebratene Shiitake-Pilze servieren.

laktosefrei bzw. -arm	kuhmilchfrei	hefefrei	ohne Weizen	glutenfrei
x	x	x	x	x

1 Den Backofen auf 220 °C aufheizen.

2 Die Kartoffelscheiben mit dem Rosmarin, der Hälfte der Zitronenschale und 1 Esslöffel Olivenöl vermischen, auf ein mit Backpapier ausgelegtes Backblech legen und im Ofen etwa 25 Minuten goldgelb braten. Dabei einmal wenden, dann salzen.

3 Für die Salsa die Tomate, die Paprikaschote, den Knoblauch, die Minzeblätter und den Koriander mit 1 Esslöffel Zitronenschale und einen halben Esslöffel Olivenöl pürieren. Die Salsa mit Salz und Pfeffer abschmecken.

4 Die Kalmare abspülen und trocken tupfen. Die Körper von den Tentakeln trennen und in breite Streifen schneiden.

5 In einer Grillpfanne einen halben Esslöffel Olivenöl erhitzen und die Paprikastücke etwa 5 Minuten braten. Aus der Pfanne nehmen.

6 1 Esslöffel Olivenöl in der Pfanne kräftig erhitzen und die Kalmare-Streifen nach und nach darin 2–3 Minuten unter Rühren braten, dann salzen und pfeffern. Nicht zu viele Kalmare-Stücke auf einmal in die Pfanne geben, sonst dünsten statt braten sie und werden leicht zäh.

7 Den Rucola auf Teller geben und die Kalmare- und Paprikastücke darauf verteilen. Mit etwas Olivenöl und Zitronensaft beträufeln und mit den Kartoffelscheiben servieren.

Ziegenkäsetörtchen
mit Zucchini und Tomatentatar

Zutaten für 2 Portionen

150 g	Ziegenfrischkäse
200 g	frische Tomaten, entkernt und klein gewürfelt
4	schwarze Oliven, entkernt und grob gehackt
3	Thymianzweige, Blättchen abgerebelt
2	Zucchini (à ca. 200 g)
½ EL	Oregano, getrocknet
200 g	Tomaten, klein gehackt, Saft abgegossen
1	kleine Schalotte, sehr fein geschnitten
5	Basilikumblätter, fein geschnitten
½ EL	Zitronensaft
2 EL	Olivenöl
	schwarzer Pfeffer, frisch gemahlen
	Meersalz
100 g	Vollkorngebäck *)

*) Bitte beachten: Hefe-, weizenfrei, je nach gewähltem Gebäck.

laktosefrei bzw. -arm	kuhmilch-frei	hefefrei	ohne Weizen	glutenfrei
	x	x	x	

1 Den Backofen auf 180 °C vorheizen. 2 Auflaufförmchen à 200 ml leicht einölen.

2 1 Zucchini längs mit einem Sparschäler in Scheiben hobeln. Die beiden Förmchen seitlich mit den Zucchinischeiben auslegen, dabei die Breite der Zucchinischeiben zurechtschneiden.

3 Die frischen Tomaten mit den gehackten Oliven und dem Thymian vermischen und mit Salz und Pfeffer würzen. Die Böden der beiden Förmchen mit dieser Mischung gut auslegen, die restliche Mischung mit dem Frischkäse und 1 Esslöffel Olivenöl verrühren und leicht salzen und pfeffern. Den Käse in die Förmchen streichen und im Backofen 25 Minuten garen.

4 Für das Tomatentatar die übrigen klein gehackten Tomaten mit den Schalottenwürfeln, dem Zitronensaft, einem halben Esslöffel Olivenöl und Basilikum vermischen. Mit Salz und Pfeffer würzen.

5 Die zweite Zucchini in Scheiben schneiden. In einer Pfanne einen halben Esslöffel Öl erhitzen und die Zucchinischeiben beidseitig anbraten, bis sie leicht gebräunt sind. Dabei mit dem Oregano bestreuen und salzen und pfeffern.

6 Die Ziegenkäsetörtchen aus den Formen stürzen, mit den gebratenen Zucchinischeiben und dem Tomatentatar anrichten und dazu das Vollkorngebäck reichen.

Mangoldtäschchen
mit Schafkäse-Olivendipp

Zutaten für 2 Portionen

100 g	Schafkäse, zerkrümelt
75 ml	Schafjoghurt
10	schwarze Oliven, entkernt und grob geschnitten
einige	Minzeblätter, fein gehackt
400 g	Mangold, Stiele in max. 1 cm dicke Stücke geschnitten, Blätter grob gehackt
1	kleine Zwiebel, gewürfelt
1	Knoblauchzehe, fein gehackt
1 Prise	Chili
1	unbehandelte Zitrone, Schale abgerieben
2	Vollkornstrudelblätter
2 Handvoll Blattsalat	
	Balsamicoessig (Sprüher)
2 EL	Olivenöl
	schwarzer Pfeffer, frisch gemahlen
	Meersalz

1 Den Backofen auf 200 °C vorheizen.

2 In einer ofenfesten Pfanne mit passendem Deckel 2 Esslöffel Öl mäßig erhitzen und die Zwiebel, die Mangoldstiele und den Knoblauch darin 10 Minuten garen. Mit Salz, Pfeffer und Chili würzen.

3 Die Mangoldblätter und 3 Esslöffel Wasser dazugeben und die Pfanne abdecken. Bei mittlerer Hitze weitere 5 Minuten garen, dann vom Herd nehmen und etwas abkühlen lassen.

4 Die abgeriebene Zitronenschale und die Hälfte des Schafkäses gleichmäßig unter das Mangoldgemüse mischen.

5 Die beiden Strudelteigblätter übereinanderlegen und längs oder diagonal durchschneiden. Den Teig mit der Füllung belegen und zu recht- oder dreieckigen Täschchen zusammenfalten.

6 Die Täschchen mit dem restlichen Öl bepinseln und im Backofen 20 Minuten goldgelb backen.

7 In der Zwischenzeit den restlichen Schafkäse mit dem Joghurt und der gehackten Minze verrühren. Mit wenig Salz und Pfeffer und evtl. etwas Zitronensaft abschmecken. Die gehackten Oliven in den Dipp einrühren. Die Blattsalate mit dem Balsamicoessig besprühen und darauf die Mangoldtäschchen mit dem Dipp anrichten.

laktosefrei bzw. -arm	kuhmilchfrei	hefefrei	ohne Weizen	glutenfrei
	x			

Kartoffel-Kräuterlaibchen
mit Blattspinat und Spiegelei

Zutaten für 2 Portionen

2	Eier
350 g	mehlig kochende Kartoffeln
2 EL	frische Kräuter (z. B. Minze, Petersilie, Kerbel), gehackt
1 Prise	Muskatnuss
	Mehl zum Bestäuben
500 g	Spinatblätter
2	Knoblauchzehen, gehackt
1 Prise	Muskatnuss
4 EL	Rapsöl
	schwarzer Pfeffer, frisch gemahlen
	Meersalz

1 Die Kartoffeln in der Schale weich kochen oder dämpfen, etwas abkühlen lassen, dann schälen und grob reiben. Mit 1 Esslöffel Öl, den gehackten Kräutern, Muskatnuss, Pfeffer und Salz gut abschmecken.

2 Aus der Masse 4 Laibchen formen, mit etwas Mehl bestäuben und in einer beschichteten Pfanne in 1 Esslöffel ÖL beidseitig jeweils 3 Minuten braten.

3 Die Spinatblätter gut waschen und in einem großen Topf sehr kurz (nur max. 30 Sekunden) blanchieren. 1½ Esslöffel Öl in einer großen Pfanne erhitzen, den Knoblauch kurz darin anschwitzen, dann den blanchierten Spinat hinzufügen und durchschwenken. Kräftig mit Salz, Pfeffer und Muskatnuss abschmecken.

4 Aus den beiden Eiern in einer beschichteten, leicht geölten Pfanne Spiegeleier braten. Mit etwas Salz und Pfeffer bestreuen.

5 Jeweils 2 Kartoffellaibchen mit Spinat und 1 Spiegelei anrichten.

laktosefrei bzw. -arm	kuhmilch-frei	hefefrei	ohne Weizen	glutenfrei
x	x	x		

Mediterraner Bohnenstrudel
mit scharfer Tomatensauce

Zutaten für 2 Portionen

300 g	weiße Bohnen (Dose), gut abgespült
125 g	Fenchel, klein gewürfelt
1	Knoblauchzehe, fein gehackt
40 ml	Weißwein
150 g	Tomaten, Kerne herausgedrückt, gehackt
1	Rosmarinzweig, Nadeln fein geschnitten
1	Thymianzweig, Blätter abgezupft
2 EL	Paniermehl (Brösel)
2	Vollkornstrudelblätter
250 g	Tomaten, geviertelt und entkernt
½	Chilischote, entkernt und fein geschnitten
1	Knoblauchzehe, gepresst
1 EL	frischer Oregano, gehackt (oder 2 TL getrockneter)
1 EL	Zitronensaft
3 EL	Olivenöl
	schwarzer Pfeffer, frisch gemahlen
	Meersalz

1 Den Backofen auf 200 °C aufheizen.

2 Für die Strudelfüllung 1 Esslöffel Olivenöl in einer beschichteten Pfanne erhitzen und den Fenchel und den Knoblauch darin bei mäßiger Hitze 5 Minuten garen.

3 Den Weißwein in die Pfanne gießen und vollständig einkochen lassen, dann die Tomatenstücke, die gehackten Kräuter und die Bohnen hinzufügen, salzen und pfeffern und alles weitere 5 Minuten garen.

4 Ein Viertel der Masse in der Küchenmaschine oder mit dem Stabmixer pürieren, dabei die Brösel hinzufügen. Das Püree gut mit der restlichen Masse vermischen und nochmals abschmecken.

5 Die beiden Strudelblätter übereinanderlegen und leicht mit Öl bepinseln.

6 Die Füllung am unteren Teil des Teiges verteilen, die Teigplatte seitlich etwas einschlagen und zu einem Strudel aufrollen. Mit etwas Öl bepinseln und im Backofen etwa 20 Minuten goldgelb backen.

7 In der Zwischenzeit alle Zutaten für die Tomatensauce in einem kleinen Topf vermischen, aufkochen und bei geringer Hitze 15 Minuten köcheln lassen.

8 Den Bohnenstrudel aufschneiden und mit der Tomatensauce anrichten.

laktosefrei bzw. -arm	kuhmilchfrei	hefefrei	ohne Weizen	glutenfrei
x				

513 kcal I 18 g F I 4,9 BE

Vegetarisch gefüllte Auberginen
mit Tomatensauce und Bulgur

Zutaten für 2 Portionen

100 g	Pecorino (oder ein anderer würziger Käse), gerieben
2	kleine Auberginen (à 250 g) (Melanzani)
100 g	Tomaten, klein gewürfelt
1	Knoblauchzehe, fein gehackt
1 EL	Paniermehl (Brösel)
3 EL	Petersilie, gehackt
200 g	reife Tomaten, gewürfelt (ersatzweise Dose)
½	Zwiebel, gewürfelt
1	Knoblauchzehe, fein gehackt
6	Basilikumblätter, geschnitten
80 g	Bulgur
3 EL	frische Kräuter, gehackt
1 EL	Zitronensaft
2 EL	Olivenöl
	schwarzer Pfeffer, frisch gemahlen
	Meersalz

1 Die Auberginen in Wasser 5 Minuten kochen, dann abgießen und etwas abkühlen lassen.

2 Den Backofen auf 240 °C vorheizen.

3 Für die Tomatensauce 1 Esslöffel Olivenöl in einem kleinen Topf erhitzen, die Zwiebel darin 2 Minuten anschwitzen, dann den Knoblauch hinzufügen und nach 1 weiterer Minute 200 g Tomatenstücke in den Topf geben. Mit Salz und Pfeffer würzen und zugedeckt bei kleiner Flamme 20 Minuten köcheln lassen.

4 Den Bulgur nach Packungsanleitung garen, dann einen halben Esslöffel Olivenöl, den Zitronensaft sowie die gehackten Kräuter untermischen und den Bulgur mit Salz abschmecken.

5 Die Auberginen längs halbieren und mit einem Löffel das Fruchtfleisch vorsichtig herausschaben, ohne dabei die Schale zu verletzen. Das Auberginenfruchtfleisch mit 100 g Tomatenstücken, dem geriebenen Käse, Knoblauch, Bröseln und Petersilie gut vermengen und mit Salz und Pfeffer herzhaft abschmecken. Diese Mischung gleichmäßig auf die 4 Auberginenhälften verteilen und mit einem halben Esslöffel Olivenöl beträufeln. Die Auberginen auf ein mit Backpapier belegtes Backblech setzen und im Rohr 15–20 Minuten backen.

6 Jeweils 2 gefüllte Auberginenhälften mit Tomatensauce und Bulgur anrichten.

laktosefrei bzw. -arm	kuhmilch-frei	hefefrei	ohne Weizen	glutenfrei
x				

Gemüsegratin
mit Kartoffeln und Feta

Zutaten für 2 Portionen

140 g	Feta-Käse (Schafmilch), ge-würfelt oder zerkrümelt
300 g	große fest kochende Kartof-feln, in dünne Scheiben ge-schnitten
200 g	Tomaten, in dünne Scheiben geschnitten
200 g	Aubergine (Melanzani) (oder Zucchini), in dünne Scheiben geschnitten
150 g	Fenchel, in dünne Scheiben geschnitten
4 EL	frischer Rosmarin, Nadeln gehackt
10	schwarze Oliven
3 EL	Olivenöl
	schwarzer Pfeffer, frisch ge-mahlen
	Meersalz

1 Den Backofen auf 200 °C aufheizen.

2 Eine Auflaufform leicht einölen und die Kar-toffel- und Gemüsescheiben darin abwechselnd schräg einschichten. Mit Salz, Pfeffer und Ros-marin bestreuen, mit dem Olivenöl gleichmäßig beträufeln und im Backofen etwa 45 Minuten garen. Dabei nach 20 Minuten den Käse (und, falls gewünscht, die Oliven) auf dem Gemüse verteilen.

3 Dazu passt ein sommerlicher Blattsalat.

laktosefrei bzw. -arm	kuhmilch-frei	hefefrei	ohne Weizen	glutenfrei
x	x	x	x	x

Lasagne
mit Aubergine und Ricotta

Zutaten für 2 Portionen

150 g	Ricotta
1	mittelgroße Aubergine (Melanzani) (ca. 300 g)
250 ml	Tomatenpüree
2 EL	Basilikumblätter, grob gehackt
2 EL	Parmesan, gerieben
6	Lasagneblätter
1 EL	Olivenöl
	schwarzer Pfeffer, frisch gemahlen
	Meersalz

1 Die Lasagneblätter in reichlich Salzwasser 6 Minuten vorkochen, abgießen und auf ein sauberes Küchentuch zum Trocknen legen.

2 Eine passend große ofenfeste Form (ca. 18x18 cm) leicht einölen und mit 2 Lasagneblättern auslegen. Mit der Hälfte der Auberginenscheiben belegen, darauf ein Drittel des Ricottas und anschließend ein Drittel des Tomatenpürees streichen. Salzen und pfeffern und die Hälfte der Basilikumblätter darüberstreuen. In gleicher Weise wieder Teigblätter, Aubergine, Ricotta, Tomaten, Basilikum einschichten, mit den verbliebenen 2 Teigblättern abdecken und mit dem Ricotta und dem Tomatenpüree bestreichen.

3 Mit dem geriebenen Parmesan bestreuen und im Backofen etwa 40 Minuten backen.

4 Die Lasagne in Portionen teilen und mit grünem Salat servieren.

laktosefrei bzw. -arm	kuhmilch-frei	hefefrei	ohne Weizen	glutenfrei
x		x		

435 kcal I 20 g F I 2,9 BE

Penne
mit roher Tomatensauce und Büffelmozarella

Zutaten für 2 Portionen

150 g	Büffelmozarella
500 g	vollreife Tomaten, geviertelt, entkernt, dann grob gehackt
10	Basilikumblätter, gehackt
½	Zitrone, abgeriebene Schale und Saft
2 EL	Olivenöl
	schwarzer Pfeffer, frisch gemahlen
	Meersalz
100 g	Vollkorn-Penne (oder andere kurze Pasta)

1 Die gehackten Tomaten abtropfen lassen, dann 1 Esslöffel Olivenöl unterrühren, salzen und pfeffern.

2 Die Pasta nach Packungsanleitung al dente kochen.

3 Den Büffelmozarella mit den Fingern zerpflücken und mit dem restlichen Olivenöl, dem gehackten Basilikum sowie Zitronensaft und -schale vermischen und leicht salzen und pfeffern.

4 Die Penne auf zwei Tellern anrichten und die rohe Tomatensauce sowie den Büffelmozarella darauf verteilen.

laktosefrei bzw. -arm	kuhmilch-frei	hefefrei	ohne Weizen	glutenfrei
X		X		

503 kcal I 26 g F I 3 BE

Tagliatelle
mit Fenchel, Tomaten und Ricotta

Zutaten für 2 Portionen

140 g	Ricotta, abgetropft
200 g	Fenchel, geviertelt, in dünne Streifen geschnitten
250 g	reife Eiertomaten, klein gewürfelt
6	schwarze Oliven, entkernt
12	Basilikumblätter, 6 davon fein geschnitten
3 EL	Olivenöl
	schwarzer Pfeffer, frisch gemahlen
	Meersalz
150 g	frische Tagliatelle

1 In einem Topf 2 Esslöffel Olivenöl erhitzen, die Fenchelstreifen darin kurz anschwitzen, dann die Tomatenstücke zugeben, salzen und pfeffern und bei geringer Hitze 10–15 Minuten garen.

2 Die Tagliatelle in reichlich Salzwasser al dente kochen.

3 Die Hälfte des Ricottas und das geschnittene Basilikum unter die Fenchel-Tomatensauce rühren (nicht mehr kochen!) und nochmals mit Salz und Pfeffer abschmecken.

4 Die Tagliatelle mit der Sauce auf zwei Tellern anrichten, mit dem restlichen Ricotta, den Oliven und den Basilikumblättern garnieren und mit etwas Olivenöl beträufeln.

laktosefrei bzw. -arm	kuhmilch-frei	hefefrei	ohne Weizen	glutenfrei
x		x		

Stärken Sie Ihr Immunsystem!

Stürmische Herbstwinde, kriechende Nässe und Kälte – jetzt wird es Zeit, sich auf den Winter vorzubereiten. Die Zubereitung der Speisen ist dabei besonders wichtig. Sind im Sommer Rohkost und Salate erfrischend, so ist es im Herbst notwendig, regelmäßig warm zu essen, um die Abwehrkräfte aufzubauen und den Körper von innen zu stärken.

Haben Sie gewusst, dass Kraut und Brokkoli mehr Vitamin C haben als Zitrusfrüchte? Außerdem wirken Zitrusfrüchte kühlend; der übermäßige Genuss im Herbst ist deshalb für leicht frierende Menschen nicht empfehlenswert.

Wärmende Kürbisgerichte, Lauch, Kraut, Sellerie und Wildfleisch sollten jetzt auf unserem Speiseplan stehen. Kräuter wie Rosmarin, Thymian, Salbei, Fenchelsamen, Wacholder und Kümmel – ebenfalls mit „einheizender" Wirkung – erleichtern uns dabei die Verdauung.

Mit entsprechend vielfältiger Ernährung und regelmäßiger Bewegung an der frischen Luft schafft man es leichter, sich gesund und fit zu halten.

· Verwenden Sie im Herbst das reichhaltige heimische Saisongemüse wie Kraut, Kohl, Rüben, Kohlrabi, Brokkoli, Rote Bete, Lauch, Karotten, Petersilienwurzeln, Pastinaken, Rettich ...

· Genießen Sie unser heimisches Obst, z. B. die verschiedenen herrlichen Apfelsorten, Trauben und Birnen.

· Kochen Sie mit frischem Ingwer, und bereiten Sie die Speisen mit wärmenden Gewürzen (z. B. mit Kreuzkümmel, Lorbeer und Zimt, mit Nelken und Lorbeerblatt gespickten Zwiebeln, Rosmarin und Thymian) zu.

· Essen Sie jetzt gebratene Maroni, und probieren Sie zur Abwechslung vom vielfältigen Angebot an Wildfleischsorten.

Herbst

Warenkunde Herbstgemüse

Kürbis

Kürbisgewächse stammen ursprünglich aus Amerika; heute werden weltweit hunderte verschiedene Kürbissorten in warmen Klimazonen kultiviert. Botanisch handelt es sich bei den Kürbisfrüchten um Panzerbeeren, die hinsichtlich Form, Farbe und Größe stark variieren. So können z. B. Riesenkürbisse ein Gewicht von 75 Kilogramm erreichen. Während die Kürbisse botanisch in fünf Hauptarten eingeteilt werden, ist aus Ernährungssicht vor allem die Unterteilung in Sommer- und Winterkürbisse aufgrund von Reifegrad und Verwendung relevant.

Sommerkürbisse (auch Gemüsekürbisse genannt) werden unreif geerntet und weisen ein helles, saftiges Fruchtfleisch sowie eine dünne Schale auf. Sie müssen nicht geschält werden und werden als Salat, gebraten, geschmort oder mariniert zubereitet. Zucchini sind die bei uns bekannteste Sommerkürbisart.

Die Winterkürbisse, auch Speisekürbisse genannt, haben eine dickere Schale, die zumeist vor der Zubereitung entfernt werden muss (Ausnahme: Hokkaido-Kürbis). Ihr Fruchtfleisch ist faserig und im Vergleich zu den Sommerkürbissen eher trocken. Sie werden hauptsächlich zu Suppen, Eintöpfen und Gemüsebeilagen verarbeitet oder für Chutneys, Marmeladen und Kuchen verwendet. Kürbisfleisch ist kalorienarm, enthält nur wenig Zucker und keine Säure und ist daher auch als Schonkost sowie (aufgrund seines geringen Natriumgehalts) als natriumarme Kost bei Bluthochdruck empfehlenswert.

Der hohe Kaliumgehalt verleiht Kürbissen eine
entwässernde und harntreibende Wirkung.
Das aus gerösteten Kürbiskernen gewonnene Öl
ist ein wertvolles und leicht verdauliches Pflanzenöl mit einem hohen Anteil an ein- und mehrfach
ungesättigten Fettsäuren.

Einkaufs- und Verarbeitungstipps:

- Kaufen Sie Kürbisse mit Stielansatz; dieser
  schützt die Früchte vor schnellem Austrocknen.

- Reife Kürbisse klingen beim Klopfen auf ihre
  Schale leicht hohl.

- Die Schalen sollten keine Druckstellen haben
  und bei Sommerkürbissen glänzen und keine
  Risse aufweisen.

- Sommerkürbisse lassen sich im Kühlschrank
  etwa 1 Woche lagern, Winterkürbisse sind hingegen an einem kühlen, dunklen Ort bis zu mehre-
  ren Monaten lagerfähig.

Top-Gehalt an: Beta-Carotin (beim Hokkaido-Kürbis z. B. höher als bei Karotten), Kalium und Eisen.

Pastinaken

Die Pastinake, ein Mitglied der Doldengewächs-
familie, war im deutschsprachigen Raum einst ein
Grundnahrungsmittel, geriet hier aber (im Gegen-
satz zum angloamerikanischen Raum, Frankreich
und Skandinavien) weitgehend in Vergessenheit.
Erst in den letzten Jahren erfreut sie sich – ausgehend von der gehobenen Gastronomie und
diverser Fernsehkochshows – auch bei uns wieder
größerer Beliebtheit.

Die Voraussetzungen dafür bringt die Pastinake
allemal mit. Ihr aromatischer, süßlich-würziger Ge-

141

schmack ist milder als jener der ähnlichen Petersilienwurzel. Pastinaken sind leicht verdaulich und lassen sich geraspelt oder fein geschnitten auch roh als Salat verzehren. Zumeist werden aus ihnen aber aromatische Suppen oder Pürees zubereitet. Geerntet werden sie ab Oktober, sie sind frosthart und können unter günstigen Bedingungen auf dem Acker überwintern. Der Frost verstärkt dabei noch ihr süßliches Aroma, da durch ihn Stärke in Zucker umgewandelt wird.

Pastinaken sind deutlich nähr- und ballaststofffreicher als Karotten und haben auch einen höheren Gehalt an Vitamin C.

Einkaufs- und Verarbeitungstipps:

- Die Wurzeln sollten sich beim Kauf fest anfühlen und keine braunen Stellen aufweisen.

- Kühl und trocken lassen sich Pastinaken mehrere Wochen aufbewahren; sie sind daher auch ein empfehlenswertes Wintergemüse.

- Vor der Zubereitung müssen die Pastinaken gewaschen und dünn geschält werden.

- Eventuell vorhandene harte Stellen werden mit einem Küchenmesser entfernt.

Top-Gehalt an: Kalium, Magnesium, Zink, Mangan und Folaten; ballaststoffreich.

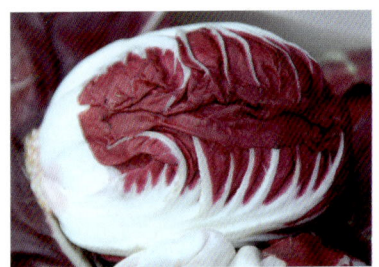

Radicchio

Der Radicchio stammt aus Venetien und ist eine rotfarbige Variante des Chicorées (frz.: chicorée rouge).

Die im deutschsprachigen Raum aus klimatischen Gründen zumeist angebaute Sorte Radicchio Rosso di Chioggia hat eine kugelige Form. Aus Italien kommen aber auch Sorten in den heimischen

Handel, die zum Teil einen geografischen Gebiets-
schutz aufweisen, wie z. B. der Radicchio Rosso
di Treviso – eine Spezialität aus Venetien, die
nicht nur roh, sondern auch gegrillt oder in Risotti
genossen wird.

Der Geschmack des Radicchios ist leicht bitter, im
Sommer – bei unregelmäßiger Wasserversorgung
– ist dies stärker ausgeprägt.

Er wirkt appetitanregend, blutreinigend, harntreibend, magenstärkend und krampflösend.

Einkaufs- und Verarbeitungstipps:

- Beim Einkauf auf feste, geschlossene Salatköpfe
  achten.
- Im Gemüsefach des Kühlschranks lässt sich Radicchio max. 4 Tage lagern.

Top-Gehalt an: Vitamin C, Folsäure, Kalium, Kupfer, Mangan und Eisen.

Knollensellerie (Wurzelsellerie, österr.: Zeller)
Der Knollensellerie ist eine zur Familie der Dolden-
blütler gehörende Rübe.

Ursprünglich stammt er aus dem Mittelmeerraum
und ist heute fester Bestandteil der ländlich-bür-
gerlichen Küche Mitteleuropas.

Knollensellerie ist ein wichtiges Suppengemüse
und wird auch gerne als Schmor- und Röstgemüse
verwendet. Er findet aber auch Verwendung für
Pürees sowie, roh gehobelt, als Salatgemüse, z. B.
in Kombination mit Äpfeln und Nüssen im be-
kannten Waldorfsalat.

143

Knollensellerie ist kalorienarm. Er weist eine harntreibende und blutreinigende Wirkung auf. In der Naturheilkunde findet er u. a. bei Darmproblemen und Rheuma Anwendung.

Aus heimischer Ernte ist Knollensellerie vom Sommer bis Mitte November erhältlich, ansonsten ist er als Importware ganzjährig im Handel zu finden.

Einkaufs- und Verarbeitungstipps:

- Die Knollen sollten möglichst fest sein und keine faulen Stellen aufweisen; das Fruchtfleisch soll weiß und nicht holzig sein.

- Im Gemüsefach des Kühlschranks ist Knollensellerie (am besten in Folie eingewickelt) max. 2 Wochen lagerfähig. Eine gemeinsame Lagerung mit Obst mindert die Lagerfähigkeit.

- Die Knolle vor dem Kochen mit einem scharfen Messer gründlich schälen.

- Zitronensaft verhindert ein stärkeres Verfärben des Fruchtfleisches.

Top-Gehalt an: Kalium, Eisen, Magnesium, Kalzium und Phosphor, Vitamin C und E sowie Niacin.

Cidre-Huhn
mit Lauch und Radicchio-Risotto

Zutaten für 2 Portionen

2	Hühnerbrüste à 150 g
1 EL	Rosmarin, gehackt
200 g	Lauch, in Scheiben geschnitten
1	großer Apfel, in Spalten geschnitten
200 ml	Cidre (Apfelwein)
1	kleine Zwiebel, gehackt
100 g	Radicchio, Blätter in 2 cm große Stücke geschnitten
100 g	Risottoreis
100 ml	Cidre
250 ml	Gemüsebrühe, heiß
2 EL	Olivenöl
	schwarzer Pfeffer, frisch gemahlen
	Meersalz

1 Die Hühnerbrüste salzen und pfeffern und in einer Pfanne mit passendem Deckel in 1 Esslöffel Öl rundum anbraten. Die Lauchscheiben und den Rosmarin hinzugeben und 2 Minuten mitgaren, den Cidre angießen und die Hühnerbrüste 15 Minuten zugedeckt bei mäßiger Hitze schmoren. Dann die Apfelspalten hinzufügen und weitere 5 Minuten garen.

2 Die Zwiebel in einem Topf in 1 Esslöffel Öl anschwitzen, den Radicchio hinzugeben und weitere 2 Minuten dünsten.

3 Den Risottoreis in den Topf geben, kurz mitbraten, dann mit dem Cidre ablöschen. Einkochen lassen und nach und nach heiße Gemüsebrühe angießen. Immer wieder umrühren und den Risotto in knapp 20 Minuten fertig garen.

4 Die Hühnerbrüste mit dem Apfel-Lauchgemüse und dem Radicchio-Risotto als Beilage servieren.

Bitte beachten Sie die Zutaten der Suppenwürze.
Flexitarian-Variante: 60 g Parmesan pro Person in das Risotto rühren.

laktosefrei bzw. -arm	kuhmilch-frei	hefefrei	ohne Weizen	glutenfrei
x	x		x	x

Huhn und Gemüse
aus dem Gewürzsud mit Basmati-Naturreis

Zutaten für 2 Portionen

2	Hühnerbrustfilets ohne Haut (à 150 g)
400 g	Gemüse (Karotten, roter Paprika, Weißkraut), in sehr dünne Streifen geschnitten
1	Frühlingszwiebel, weißer und grüner Teil in Scheiben geschnitten
3	Sternanis
2 EL	frischer Ingwer, in Scheiben geschnitten
1	Chilischote
1	Limette, Saft davon
3 EL	Sojasauce (Tamari)
750 ml	Gemüsebrühe
1 Bund	frischer Koriander, Blätter abgezupft
	schwarzer Pfeffer, frisch gemahlen
	Meersalz
100 g	Basmati-Naturreis

1 Für den Gewürzsud die Gemüsebrühe mit Sternanis, Ingwer, Chilischote, Sojasauce und Limettensaft in einen Topf geben und zugedeckt 5 Minuten köcheln lassen.

2 Die Hühnerbrustfilets und das fein geschnittene Gemüse in den Sud geben (darauf achten, dass alles vom Sud bedeckt ist) und 10 Minuten bei mäßiger Hitze köcheln lassen. Die Frühlingszwiebel erst 2 Minuten vor Ende der Garzeit hinzufügen.

3 Den Basmati-Naturreis kochen.

4 Das Hühnerfleisch und das Gemüse aus dem Sud heben, leicht salzen und pfeffern. Mit frischem Koriander auf Tellern anrichten, mit etwas Gewürzsud beträufeln und mit dem Reis servieren.

Bitte beachten Sie die Zutaten der Suppenwürze.
Flexitarian- Variante: 60 g Tofu pro Person im Sud garen.

laktosefrei bzw. -arm	kuhmilch-frei	hefefrei	ohne Weizen	glutenfrei
x	x		x	x

Aromatische Hühnerbrust
mit Orangen, Fenchel und Safranreis

Zutaten für 2 Portionen

2	Hühnerbrüste (à 150 g)
200 g	Fenchel, in Spalten geschnitten
1	Orange, unbehandelt
40 ml	Sherry (trocken)
125 ml	Hühnersuppe (evtl. Würfel)
etwas	frischer Thymian
1 EL	Olivenöl
	schwarzer Pfeffer, frisch gemahlen
	Meersalz
250 ml	Gemüsebrühe
1 Tüte	Safran
80 g	Naturreis
1	Zwiebel, gespickt mit
3	Gewürznelken und
1	Lorbeerblatt

Bitte beachten Sie die Zutaten der Suppenwürze.
Flexitarian-Variante: Den Reis mit 60 g Parmesan verrühren.

1 Die Orange heiß abbürsten. Dünn abschälen und die Schalenstücke in ganz feine Streifen schneiden. 1 Fruchthälfte auspressen, die andere in Scheiben schneiden.

2 Das Olivenöl in einer breiten Pfanne erhitzen. Die Hühnerbrüste darin etwa 6 Minuten bei starker Hitze braten, dabei einmal wenden. Herausnehmen, auf eine Platte legen, salzen, pfeffern und warm stellen.

3 In derselben Pfanne die Fenchelspalten einige Minuten anbraten. Den Sherry hineingießen, die Orangenschalenstreifen, den Orangensaft und die Hühnerbrühe hinzufügen und die Sauce bei starker Hitze um ein Drittel einkochen.

4 Die Gemüsebrühe mit dem Safran aufkochen, den gewaschenen Reis und die gespickte Zwiebel hinzufügen und auf kleiner Flamme den Reis weich garen.

5 Den Thymian abzupfen und in die Sauce rühren, mit Salz und Pfeffer würzen und die Hühnerbrüste etwa 10 Minuten zugedeckt darin gar ziehen lassen.

6 Die Hühnerbrüste auf dem Reis anrichten, mit der Sauce übergießen und mit den Orangenscheiben garnieren.

laktosefrei bzw. -arm	kuhmilch-frei	hefefrei	ohne Weizen	glutenfrei
X	X	X	X	X

527 kcal I 21 g F I 3,1 BE

Rostbraten
mit Rotweinzwiebeln und Pastinaken-Kartoffelpüree

Zutaten für 2 Portionen

2 Scheiben	Rostbraten (österr.: Beiried) (à 150 g)
4	kleine, rote Zwiebeln (250 g), in dicke Spalten geschnitten
1 TL	Zucker
1 Spritzer	Balsamicoessig
250 ml	Rotwein
1	Thymianzweig
150 g	Kartoffeln, geschält und grob gewürfelt
150 g	Pastinaken, geschält und grob gewürfelt
300 ml	Gemüsebrühe
2 EL	Olivenöl
	schwarzer Pfeffer, frisch gemahlen
	evtl. Meersalz-Pastinaken-Chips als Garnitur *)

1 In einem kleinen Topf 1 Esslöffel Olivenöl erhitzen und die Zwiebelspalten darin einige Minuten sanft anbraten, dabei den Zucker unterrühren. Mit 1 Spritzer Balsamicoessig ablöschen. Den Thymian hinzufügen. Die Zwiebeln salzen und pfeffern. Den Rotwein in den Topf gießen und die Zwiebeln zugedeckt 30 Minuten bei mäßiger Hitze garen. Dann den Topf öffnen, die Hitze erhöhen und das Ganze weitere 5 Minuten garen, bis nur noch wenig Schmorsud vorhanden ist.

2 Die Kartoffel- und Pastinakenstücke in der Zwischenzeit in der Gemüsebrühe weich kochen. Abgießen und dabei etwas Garflüssigkeit auffangen. Die Kartoffeln und Pastinaken pürieren (nicht mixen!), dabei nach Wunsch ein wenig Garflüssigkeit untermischen, um die gewünschte Konsistenz zu erhalten. Das Püree mit Salz und Pfeffer abschmecken.

3 Die Rostbratenscheiben salzen und pfeffern und beidseitig je 2 Minuten braten. Das Fleisch kurz ruhen lassen, dann mit den Rotweinzwiebeln und dem Püree anrichten.

Bitte beachten Sie die Zutaten der Suppenwürze.

laktosefrei bzw. -arm	kuhmilchfrei	hefefrei	ohne Weizen	glutenfrei
x	x		x	x

*) Für die Pastinaken-Chips ein kleine Pastinake in dünne Scheiben schneiden, diese mit wenig Öl bepinseln und im Backofen goldbraun backen.

503 kcal | 17 g F | 2 BE

Wildschweinrücken
mit Kürbisgemüse und Schupfnudeln

Zutaten für 2 Portionen

300 g	Wildschweinrücken (Filet), Fett und Sehnen entfernt
2	Schinkenspeckscheiben
2	Salbeiblätter, fein geschnitten
1	Knoblauchzehe, fein gehackt
5	Wacholderbeeren, zerstoßen
400 g	Kürbis, in 1 cm große Würfel geschnitten
1	kleine rote Zwiebel
50 g	roter Paprika, klein gewürfelt
2	Knoblauchzehen, fein gehackt
½ EL	Majoran, getrocknet
1 Spritzer	milder Apfelessig
2 TL	Paprikapulver
250 g	Schupfnudeln (oder Gnocchi)
1 EL	Rosmarin, gehackt
1 TL	Butter
2 EL	Rapsöl
	schwarzer Pfeffer, frisch gemahlen
	Meersalz

Bitte beachten Sie die Zutaten der Schupfnudeln (Gnocchi). Flexitarian-Variante: Kürbisgemüse mit 6 TI gerösteten, gehackten Kürbiskernen bestreuen.

laktosefrei bzw. -arm	kuhmilch-frei	hefefrei	ohne Weizen	glutenfrei
x				

1 Den Backofen auf 160 °C vorheizen.

2 Für das Kürbisgemüse 1 Esslöffel Öl in einem Topf erhitzen und die Zwiebelstücke darin 3 Minuten anschwitzen. Die Kürbis- und Paprikawürfel sowie den Knoblauch und Majoran hinzufügen und weitere 5 Minuten bei mäßiger Hitze unter gelegentlichem Rühren anbraten. Etwas Apfelessig, das Paprikapulver sowie 50 ml Wasser einrühren, salzen und pfeffern und den Kürbis zugedeckt etwa 20 Minuten weich schmoren. Ein Drittel des Kürbisgemüses pürieren und wieder unter den restlichen Kürbis rühren. Mit Salz und Pfeffer abschmecken.

3 Das Wildschweinfilet salzen und pfeffern, mit Wacholder, Salbei und Knoblauch bestreuen und mit den Schinkenspeckscheiben straff einwickeln (ein Binden ist nicht erforderlich). Das Fleisch in einer Pfanne in 1 Esslöffel Öl beidseitig 2–3 Minuten anbraten, dann die Pfanne in den Backofen stellen und das Fleisch weitere 10 Minuten garen. Die Pfanne aus dem Ofen nehmen und das Fleisch einige Minuten ruhen lassen.

4 Die Schupfnudeln in Salzwasser garen und abgießen. In einer Pfanne 1 Esslöffel Butter aufschäumen, den Rosmarin einstreuen und die Schupfnudeln in der Butter durchschwenken.

5 Den Wildschweinrücken in Scheiben schneiden, auf dem Kürbisgemüse anrichten und mit den Schupfnudeln servieren.

Rehragout
mit glasierten Karotten und Polenta

Zutaten für 2 Portionen

280 g	Rehfleisch für Ragout (Keule), geputzt
50 g	Schalotten, gewürfelt
50 g	Karotten, gewürfelt
50 g	Knollensellerie, gewürfelt
200 ml	Rotwein
1	Lorbeerblatt
5	Wacholderbeeren
20 g	dunkle Schokolade
10 g	Maisstärke
200 g	kleine Karotten (oder größere grob geschnitten)
1 TL	Butter
½ TL	Zucker
4 EL	Wasser
50 g	Polentagrieß
1 EL	Rapsöl
	schwarzer Pfeffer, frisch gemahlen
	Meersalz

Bitte beachten Sie die Zutaten der Schokolade.

laktosefrei bzw. -arm	kuhmilchfrei	hefefrei	ohne Weizen	glutenfrei
x			x	x

1 Das Öl in einem Topf mit schwerem Boden und passendem Deckel oder einem Schmortopf erhitzen. Das Rehfleisch salzen und pfeffern und rundherum anbraten. Die Gemüse- und Zwiebelwürfel unter das Fleisch rühren und 3 Minuten mitrösten. Den Rotwein in den Topf gießen, das Lorbeerblatt und die Wacholderbeeren sowie die Schokolade ebenfalls hinzufügen. Das Ragout mindestens 1 Stunde zugedeckt schmoren, bis das Rehfleisch schön weich ist. Bei Bedarf etwas Wasser hinzufügen.

2 Die Maisstärke in wenig kaltem Wasser anrühren und unter das Ragout mischen. Nochmals mit Salz und Pfeffer abschmecken.

3 Die Polenta nach Packungsanleitung kochen, etwa 3 cm dick in eine eingefettete ofenfeste Form streichen und ein wenig abkühlen lassen. Die Oberfläche leicht mit Öl einpinseln und im Backofen bei höchster Grillstufe bräunen (oder die ausgekühlte Polenta in Schnitten schneiden und in einer Pfanne in wenig Öl braten).

4 Die Karotten etwa 10 Minuten dämpfen oder in Salzwasser kochen. Die Butter in einer beschichteten Pfanne erhitzen und die Karotten hinzugeben. Den Zucker darüberstreuen und durchschwenken. Etwas Wasser hinzufügen und rühren, bis es verdampft ist.

5 Das Rehragout mit den glasierten Karotten und der Polenta als Beilage anrichten.

Sellerie-Kartoffelpuffer
mit Räucherlachs und Feldsalat

Zutaten für 2 Portionen

250 g	Räucherlachs
300 g	Kartoffeln, fein gehobelt
250 g	Knollensellerie, fein gehobelt
1 Prise	Muskatnuss
	etwas Dill zum Garnieren
etwas	Meerrettich (Kren), frisch gerieben
2 EL	Rapsöl
	schwarzer Pfeffer, frisch gemahlen
	Meersalz
70 g	Feldsalat (Vogerlsalat)
2 EL	Leinöl
1 EL	Zitronensaft

1 Den gehobelten Sellerie mit den Händen fest ausdrücken, dann mit den gehobelten Kartoffeln gut vermischen und die Masse mit etwas Muskatnuss sowie Salz und Pfeffer würzen. Daraus 4 oder 6 etwa 1 ½ cm dicke Puffer formen.

2 In einer beschichteten Pfanne das Rapsöl erhitzen und die Puffer darin portionsweise etwa 10 Minuten beidseitig goldbraun braten. Die fertigen Puffer im Backofen bei 60 °C warm halten.

3 Den Feldsalat mit einem Dressing aus Leinöl und Zitronensaft zubereiten und als zusätzliche Gemüsebeilage servieren.

4 Die Puffer auf zwei Teller geben, dekorativ mit den Räucherlachsscheiben belegen und mit ein wenig frischem Dill garnieren. Dazu passt der frisch geriebene Meerrettich.

Flexitarian-Variante: Mit 100 g Knoblauch-Rahm-Dipp pro Person servieren.

laktosefrei bzw. -arm	kuhmilch-frei	hefefrei	ohne Weizen	glutenfrei
x	x	x	x	x

Jakobsmuscheln

mit aromatischer Kokos-Lauchsauce auf Reisnudeln

Zutaten für 2 Portionen

300 g	Jakobsmuscheln
1	Knoblauchzehe
2 EL	frischer Ingwer, gehackt
150 g	Lauch, in Ringe geschnitten
1	Chilischote oder 1 Prise Chili (nach Geschmack)
1 TL	Kurkuma
1 Bund	Dill, gehackt
250 ml	Kokosmilch
1	Limette, Saft davon
250 g	Champignons, in dicke Scheiben geschnitten
2 EL	Rapsöl
	schwarzer Pfeffer, frisch gemahlen
	Meersalz
100 g	Reisnudeln (alternativ Basmati-Reis)

1 Knoblauch, Ingwer, Chili, Kurkuma und die Hälfte des Lauchs mit 75 ml Wasser zu einer Gewürzpaste pürieren.

2 Den restlichen Lauch in einem Topf in 1 Esslöffel Öl anschwitzen. Zwei Drittel des gehackten Dills in die Pfanne geben und kurz mitbraten. Die Gewürzpaste hinzufügen und bei geringer Hitze 10 Minuten garen, dann die Kokosmilch angießen und etwas einkochen lassen. Den Limettensaft einrühren und die Sauce mit Salz und Pfeffer abschmecken.

3 Die Reisnudeln für 10 Minuten in heißes Wasser legen.

4 1 Esslöffel Öl in einer beschichteten Pfanne erhitzen und zunächst die Champignons, dann die mit Salz und Pfeffer gewürzten Jakobsmuscheln kurz darin anbraten. Beides in die heiße, aber nicht mehr kochende Kokossauce geben und 3 Minuten durchziehen lassen.

5 Die Reisnudeln auf zwei Teller geben und die Jakobsmuscheln mit der Sauce darüber verteilen. Mit dem restlichen Dill garnieren.

Flexitarian-Variante: Pro Person 60 g Tofu anstelle der Jakobsmuscheln

laktosefrei bzw. -arm	kuhmilch-frei	hefefrei	ohne Weizen	glutenfrei
x	x	x	x	x

531 kcal | 20 g F | 3,3 BE

Weißfischfilet
in pikanter Kruste mit grünen Bohnen und Kartoffelspalten

Zutaten für 2 Portionen

2	Weißfischfilets (á 150 g)
1 EL	Korianderkörner
1 EL	Kreuzkümmelkörner
1	Knoblauchzehe
20 g	glatte Petersilie, gehackt
300 g	grüne Bohnen (Fisolen), geputzt
1	Schalotte, in dünne Scheiben geschnitten
2	Knoblauchzehen, fein gehackt
½ Bund	Koriander
3 EL	Olivenöl
	schwarzer Pfeffer, frisch gemahlen
	Meersalz
300 g	Kartoffeln, gebürstet und in Spalten geschnitten

Flexitarian-Variante: Mit 1 wachsweichem Ei oder 1 Spiegelei pro Person servieren.

laktosefrei bzw. -arm	kuhmilchfrei	hefefrei	ohne Weizen	glutenfrei
x	x	x	x	x

1 Den Backofen auf 180 °C vorheizen.

2 Die Kartoffelspalten auf ein mit Backpapier belegtes Backblech legen und etwa 30 Minuten goldbraun backen.

3 Den Koriander und den Kümmel 2 Minuten auf einem Backblech rösten, bis sie beginnen, schwarz zu werden. Kurz abkühlen lassen und mit Salz und reichlich schwarzem Pfeffer im Mörser oder in der Gewürzmühle pulverisieren. Dann mit Knoblauch, Petersilie und 1 Esslöffel Olivenöl zu einer sämigen Paste verarbeiten.

4 Den Fisch unter kaltem Wasser abwaschen und mit Küchenkrepp trocken tupfen. Die Oberseite jedes Filets mit der Paste bestreichen.

5 1 Esslöffel Öl in einer großen ofenfesten Pfanne erhitzen. Den Fisch mit der bestrichenen Seite nach unten 1 Minute scharf anbraten, dann wenden und 1 weitere Minute braten. Die Pfanne 5 Minuten in den Ofen stellen.

6 Die Bohnen 8 Minuten in Salzwasser kochen, anschließend in Eiswasser abschrecken und abtropfen lassen. Die Schalotte und den Knoblauch in 1 Esslöffel Öl hellbraun anbraten. Die grünen Bohnen untermischen, den Koriander unterheben und mit Salz und Pfeffer würzen.

7 Den Fisch, die grünen Bohnen und die mit Meersalz bestreuten Kartoffelspalten auf zwei Tellern anrichten.

Lachsfilet
mit pfannengerührtem Brokkoli und asiatischem Püree

Zutaten für 2 Portionen

2	Lachsfilets (à 150 g)
300 g	Brokkoli, in kleine Röschen zerteilt
1 TL	Sesamöl
1	Knoblauchzehe, zerdrückt
1 TL	frischer Ingwer, fein gerieben
30 ml	Sherry
30 ml	süßliche Sojasauce (Ketjap Manis)
300 g	mehlig kochende Kartoffeln, geschält, klein gewürfelt
100 g	Kokosmilch
1 EL	frischer Ingwer, fein gerieben
1 TL	Wasabipaste
2 EL	Rapsöl
	schwarzer Pfeffer, frisch gemahlen
	Meersalz

1 Die Kartoffeln in Salzwasser weich kochen, abgießen und in den warmen Topf zurückgeben. Die Kokosmilch, Wasabi, Ingwer und etwas Salz zu den Kartoffeln geben und alles mit einer Gabel zu einem Püree zerdrücken.

2 Für den Brokkoli 1 Esslöffel Rapsöl und das Sesamöl in einem Wok oder in einer tiefen Pfanne bei hoher Temperatur erhitzen. Den Knoblauch und den Ingwer darin 30 Sekunden anbraten. Die Brokkoliröschen dazugeben und 3 Minuten unter kräftigem Rühren braten. Die Sojasauce und Sherry hinzufügen und 1 weitere Minute garen.

3 Die Lachsfilets leicht salzen und pfeffern und in einer beschichteten Pfanne in 1 Esslöffel Öl zuerst mit der Hautseite nach unten 3 Minuten braten, dann wenden und 1 weitere Minute braten.

4 Die gebratenen Lachsfilets mit dem Brokkoli anrichten und das asiatische Püree als Beilage reichen.

Bitte beachten Sie die Zutatenliste der Sojasauce.
Flexitarian-Variante: Mit 140 g gebratenen Austernpilzen servieren.

laktosefrei bzw. -arm	kuhmilch-frei	hefefrei	ohne Weizen	glutenfrei
x	x			

Kabeljau im Brikteig
mit Kartoffel-Lauchgemüse

Zutaten für 2 Portionen

300 g	Kabeljau-Filet, in 2 Stücke geteilt
2 Blätter	Brikteig (nordafrikanischer sehr dünner Teig; ersatzweise Filoteig oder Strudelteig)
1	unbehandelte Zitrone, Schale abgerieben
300 g	Lauch, längs geviertelt und quer in dünne Segmente geschnitten
300 g	Kartoffeln
1 Bund	Petersilie, gehackt
1 EL	Oliven, entkernt und grob geschnitten
1 EL	getrocknete Tomaten, grob geschnitten
3 EL	Olivenöl
	schwarzer Pfeffer, frisch gemahlen
	Meersalz

1 Den Backofen auf 200 °C vorheizen.

2 Die Kartoffeln weich kochen, schälen und grob zerdrücken. Den Lauch in einer beschichteten Pfanne in 1 Esslöffel Öl etwa 5 Minuten unter Rühren garen, dann mit der gehackten Petersilie und 1 Esslöffel Olivenöl unter die Kartoffeln mischen. Das Kartoffel-Lauchgemüse mit Salz und Pfeffer abschmecken.

3 Die Fischfiletstücke salzen und pfeffern und mit der abgeriebenen Zitronenschale bestreuen. Die Teigblätter mit Öl bepinseln, jeweils 1 Filet auf 1 Teigblatt legen, den Teig seitlich einschlagen und dann zu einem Päckchen zusammenfalten. Die Päckchen auf ein Backblech setzen und im Backofen goldgelb backen.

4 Das Kartoffel-Lauchgemüse dekorativ auf zwei Tellern anrichten, die Fischpäckchen daraufsetzen und mit Oliven und getrockneten Tomaten garnieren.

Flexitarian-Variante: 150 g gebratene Austernpilze in den Brikteig füllen.

laktosefrei bzw. -arm	kuhmilch-frei	hefefrei	ohne Weizen	glutenfrei
X	X	X		

491 kcal I 19 g F I 2,7 BE

Kürbis-Curry
mit Kichererbsen

Zutaten für 2 Portionen

300 g	Kichererbsen, gekocht
1	kleine Zwiebel, gewürfelt
½ EL	frischer Ingwer, fein gehackt
3 EL	rote Currypaste
300 ml	Kokosmilch
50 g	Stangensellerie, in dünne Scheiben geschnitten
50 g	Karotten, gewürfelt
250 g	Kürbis, in 2 cm große Stücke geschnitten
100 g	Erbsen (TK)
1	Limette
1 Bund	frischer Koriander, Blätter abgezupft
1 EL	Rapsöl
	Meersalz
100 g	Basmati- oder Jasminreis

1 Den Basmatireis kochen.

2 Das Öl in einem Topf erhitzen und darin die Zwiebel, den Ingwer und die Currypaste unter Rühren etwa 3 Minuten garen. Die Kokosmilch und 200 ml Wasser angießen und aufkochen. Zunächst die Karotten- und Selleriestücke in den Topf geben und 10 Minuten kochen, dann den Kürbis, die Erbsen und Kichererbsen hinzufügen und etwa 15 Minuten garen, bis der Kürbis weich ist. Mit Salz und Limettensaft abschmecken.

3 Das Curry mit Korianderblättern bestreuen und mit dem Reis servieren.

Bitte beachten Sie die Zutaten der Currypaste.

laktosefrei bzw. -arm	kuhmilch-frei	hefefrei	ohne Weizen	glutenfrei
X	X	X	X	X

Gebratene Pilze und Risotto
mit Preiselbeeren

Zutaten für 2 Portionen

300 g	Wald- oder Zuchtpilze (z. B. Steinpilze, Kräuterseitlinge, Austernpilze), größere Exemplare halbiert
1	Knoblauchzehe, fein gehackt
2 EL	Petersilie, gehackt
1	kleine Zwiebel, gewürfelt
evtl. 50 g	Knollensellerie, klein gewürfelt
100 g	Risottoreis
100 ml	Weißwein
1 EL	rosa Pfefferkörner
300 ml	Gemüsefond, heiß
50 g	Parmesan, gerieben
1 Handvoll Preiselbeeren	
3 EL	Olivenöl
	schwarzer Pfeffer, frisch gemahlen
	Meersalz

1 Für den Risotto 1 Esslöffel Olivenöl in einem Topf mäßig erhitzen, die Zwiebel und evtl. die Selleriestücke darin 2 Minuten unter Rühren anschwitzen. Dann den Risottoreis hinzufügen und 1 weitere Minute garen. Mit Weißwein ablöschen. Die rosa Pfefferkörner einstreuen und nach und nach etwas heiße Gemüsebrühe zum Reis gießen, dabei immer wieder umrühren. Nach etwa 20 Minuten sollte der Reis fertig gegart sein.

2 Den Risotto vom Herd nehmen und den Parmesan und die Preiselbeeren untermischen. Mit Salz und Pfeffer abschmecken.

3 1 Esslöffel Olivenöl in einer beschichteten Pfanne erhitzen und die Pilze darin mit dem Knoblauch einige Minuten braten. Die gehackte Petersilie hinzufügen und mit Salz und Pfeffer würzen.

4 Die gebratenen Pilze mit dem Risotto anrichten.

Bitte beachten Sie die Zutaten der Suppenwürze.

laktosefrei bzw. -arm	kuhmilchfrei	hefefrei	ohne Weizen	glutenfrei
x			x	x

Pfannengerührtes Kraut
mit gebratenem Tofu

Zutaten für 2 Portionen

160 g	Tofu, schnittfest
4 EL	Sojasauce (Tamari)
4 EL	Sherry (halbtrocken)
evtl. 1 EL	schwarzer Sesam
1 EL	frischer Ingwer, fein gehackt
2	Knoblauchzehen, fein gehackt
200 g	Weißkraut, in feine Streifen geschnitten
200 g	Rotkraut, in feine Streifen geschnitten
1 Bund	frischer Koriander
2 EL	Rapsöl
1 EL	Sesamöl
1 Prise	Chili
	schwarzer Pfeffer, frisch gemahlen
	Meersalz
100 g	Basmati-Naturreis

1 Den Basmati-Naturreis nach Packungsanleitung garen.

2 Den Tofu in dicke Scheiben schneiden. Die Sojasauce mit dem Sherry verrühren und den Tofu darin 15–30 Minuten marinieren.

3 Im Wok oder einer großen beschichteten Pfanne 1 Esslöffel Öl kräftig erhitzen und den Ingwer und den Knoblauch darin kurz anbraten. Die Krautstreifen hinzufügen, mit Salz, Pfeffer und Chili würzen und unter Rühren 3–4 Minuten braten.

4 Den Tofu aus der Marinade heben, abtupfen und in einer beschichteten Pfanne in 1 Esslöffel Öl beidseitig je 2 Minuten braten.

5 Die Korianderblätter und das Sesamöl unter das gebratene Kraut mischen und auf Tellern anrichten. Die gebratenen Tofuscheiben daraufsetzen und mit schwarzen Sesamkörnern bestreuen. Mit dem Basmatireis servieren.

Bitte beachten Sie die Zutaten der Sojasauce (Tamari enthält keinen Weizen).

laktosefrei bzw.-arm	kuhmilch-frei	hefefrei	ohne Weizen	glutenfrei
x	x		x	x

Herbstliches vegetarisches Bohnengulasch
mit Wurzelgemüse und Kürbis

Zutaten für 2 Portionen

400 g	Käferbohnen (Feuerbohnen oder andere Bohnen), gekocht
1	Zwiebel, fein gewürfelt
2	Knoblauchzehen, in dünne Scheiben geschnitten
150 g	Wurzelgemüse (Karotten, Sellerie), klein gewürfelt
1 EL	Paprikapulver, edelsüß
1 Prise	Chili (nach Belieben)
1 Schuss	Weißweinessig
500 ml	Gemüsebrühe
150 g	Kürbis, in 1 cm große Würfel geschnitten
100 g	roter Paprika, gewürfelt
1 EL	Salbei, fein geschnitten
etwas	frischer Majoran zum Anrichten
2 EL	Rapsöl
	schwarzer Pfeffer, frisch gemahlen
	Meersalz

1 Das Rapsöl in einem Topf erhitzen und die Zwiebelwürfel darin 3 Minuten anschwitzen. Den Knoblauch und die Karotten- und Selleriewürfel hinzufügen und weitere 5 Minuten garen, dabei mehrmals umrühren. Paprikapulver und Chili zugeben und mit etwas Essig ablöschen.

2 Die Gemüsebrühe angießen, den Kürbis, Paprika und Salbei in den Topf geben, salzen und pfeffern und etwa 15 Minuten zugedeckt kochen, bis der Kürbis weich, aber noch nicht zerkocht ist.

3 Um das Gulasch sämiger zu machen, etwa ein Drittel des Gemüses mit wenig Kochflüssigkeit im Mixer pürieren, dann wieder einrühren.

4 Die vorgekochten Bohnen in den Topf geben und nochmals 5 Minuten bei geringer Hitze köcheln lassen. Mit Salz, Pfeffer und evtl. etwas Essig abschmecken.

5 Das Gulasch in tiefen Tellern anrichten und mit einigen Blättern Majoran garnieren.

Bitte beachten Sie die Zutaten der Suppenwürze.

laktosefrei bzw. -arm	kuhmilch-frei	hefefrei	ohne Weizen	glutenfrei
x	x		x	x

388 kcal I 12 g F I 2,9 BE

Vegetarische Krautrouladen
mit Pilzen

Zutaten für 2 Portionen

200 g	Shiitakepilze, halbiert, größere Pilze geviertelt
100 g	Naturreis
2 TL	Kurkuma
1 Bund	Petersilie, grob gehackt
6	große Weißkraut- oder Wirsingbätter
1	kleine Zwiebel, fein gewürfelt
1	Knoblauchzehe, gehackt
400 g	Tomaten (Dose), fein gehackt
1 TL	Korianderkörner
3 EL	Olivenöl
	schwarzer Pfeffer, frisch gemahlen
	Meersalz

1 Den Backofen auf 200 °C vorheizen.

2 Den Reis nach Packungsanleitung garen. In der Zwischenzeit die Shiitakepilze in einer Pfanne in 1 Esslöffel Olivenöl etwa 5 Minuten braten, dabei gelegentlich durchrühren. Die gehackte Petersilie, das Kurkuma und den gekochten Reis zu den Pilzen geben, kurz mitrösten und kräftig mit Salz und Pfeffer abschmecken.

3 Für die Tomatensauce die Zwiebel- und Knoblauchstücke in einem kleinen Topf in etwas Olivenöl anschwitzen, dann die Tomatenstücke und Korianderkörner hinzufügen, salzen und pfeffern und zugedeckt 15 Minuten leicht köcheln lassen.

4 Die Kraut- oder Wirsingblätter in einem großen Topf in reichlich Salzwasser 5 Minuten garen, dann vorsichtig herausheben und mit kaltem Wasser kurz abschrecken.

5 Eine kleine ofenfeste Form mit etwas Olivenöl einfetten. 1 Krautblatt auf eine Platte legen und mit einem Sechstel der Pilz-Reismischung bestreichen. Das Krautblatt einrollen, dabei die seitlichen Ränder einschlagen. Die Krautroulade mit der „Naht" nach unten in die Form geben. Mit den anderen 5 Blättern und der restlichen Fülle in gleicher Weise verfahren.

6 Die Krautrouladen mit der Tomatensauce überziehen und im Backofen 35 Minuten garen.

176

laktosefrei bzw. -arm	kuhmilch-frei	hefefrei	ohne Weizen	glutenfrei
x	x	x	x	x

431 kcal | 17 g F | 3,1 BE

Orecchiette
mit Brokkoli und Schafkäse

Zutaten für 2 Portionen

100 g	Schafkäse
150 ml	Schafmilch
350 g	Brokkoliröschen
1	kleine Zwiebel, klein gewürfelt
2	Knoblauchzehen, fein gehackt
2 EL	getrocknete Tomaten, grob geschnitten
2 EL	Oliven, entkernt
1 EL	Pinienkerne, fettfrei in einer Pfanne angeröstet
1 EL	Olivenöl
	schwarzer Pfeffer, frisch gemahlen
	Meersalz
100 g	Orecchiette (oder andere kurze Pasta)

1 Die Schafmilch in einem kleinen Topf erhitzen. Die Hälfte des Schafkäses zerbröckeln und darin auflösen, dann salzen und pfeffern.

2 Die Brokkoliröschen in Salzwasser etwa 5 Minuten garen, dann abgießen (das Kochwasser evtl. auffangen und für die Pasta verwenden). Die Röschen kalt abschrecken.

3 Die Orecchiette al dente kochen.

4 In der Zwischenzeit 1 Esslöffel Olivenöl in einer beschichteten Pfanne erhitzen und die Zwiebel darin glasig braten. Den gehackten Knoblauch und den Brokkoli in die Pfanne geben und weitere 3 Minuten garen. Die Orecchiette und die Käse-Milchmischung hinzufügen und gut durchrühren. Salzen und pfeffern und auf zwei Teller verteilen.

5 Mit dem restlichen Schafkäse, den getrockneten Tomaten, Oliven und Pinienkernen bestreut servieren.

laktosefrei bzw. -arm	kuhmilch-frei	hefefrei	ohne Weizen	glutenfrei
	x	x		

520 kcal | 25 g F | 3,1 BE

Pasta
mit Kürbis-Mangoldsauce und Taleggio

Zutaten für 2 Portionen

140 g	Taleggio (ital. Weichkäse, leicht schmelzend)
1	kleine Zwiebel, gewürfelt
1	Knoblauchzehe, gepresst
225 g	Kürbisfleisch, klein gewürfelt
125 g	Mangoldblätter (ohne Stiele), grob gehackt
50 ml	Rotwein
1 TL	Rosmarin, getrocknet
50 ml	Tomatenpüree
200 ml	Wasser
etwas	frisches Basilikum
2 EL	Olivenöl
	Meersalz
	schwarzer Pfeffer, frisch gemahlen
100 g	lange Pasta

1 Das Olivenöl in einem Topf erhitzen und die gehackte Zwiebel darin glasig schwitzen. Den Knoblauch, Kürbis und Mangold in den Topf geben und 3 Minuten unter Rühren braten. Mit Rotwein ablöschen und das Tomatenpüree, das Wasser und den Rosmarin hinzufügen. Salzen und pfeffern und zugedeckt 15–20 Minuten garen.

2 In der Zwischenzeit die Pasta in Salzwasser al dente kochen.

3 Den Taleggio in Scheiben schneiden.

4 Die gekochte Pasta mit der Sauce in tiefen Tellern anrichten, mit dem Taleggio belegen und mit Basilikum garniert servieren.

laktosefrei bzw. -arm	kuhmilch-frei	hefefrei	ohne Weizen	glutenfrei

Rotkraut-Lasagne
mit Blauschimmelkäse

Zutaten für 2 Portionen

100 g	weicher Blauschimmelkäse
125 ml	Milch
1	kleine rote Zwiebel
400 g	Rotkraut, Strunk entfernt, in Streifen geschnitten
1	Birne, geschält, Kerngehäuse entfernt, gewürfelt
1 Stk.	Zimtstange
1 Msp.	Kümmel
125 ml	Weißwein (z. B. Chardonnay)
100 g	getrocknete Lasagneblätter (6 Stück)
2 EL	Butter
	schwarzer Pfeffer, frisch gemahlen
	Meersalz

1 Den Backofen auf 180 °C vorheizen.

2 In einem Topf 1½ Esslöffel Butter zerlassen und die Zwiebelwürfel darin 3 Minuten anschwitzen. Das Rotkraut zugeben und einige Minuten dünsten, dann die Birnenwürfel, den Kümmel und die Zimtstange einrühren und mit dem Weißwein aufgießen. Leicht salzen und pfeffern und das Rotkraut etwa 45 Minuten zugedeckt weich schmoren. Bei Bedarf ein wenig Wasser hinzufügen. In Scheiben schneiden.

3 Den Blauschimmelkäse zerbröckeln. Die Milch in einem kleinen Topf bei kleiner Flamme erhitzen und den Käse darin schmelzen. Die Käsesauce etwas einkochen, leicht pfeffern und vom Herd nehmen.

4 Die Lasagneblätter in Salzwasser mit 1 EL Öl, um ein Zusammenkleben zu vermeiden, 3–4 Minuten vorkochen, dann vorsichtig abgießen.

5 Eine ofenfeste Form von der Größe zweier Lasagneblätter mit etwas Butter einfetten und 2 Blätter Lasagne hineinlegen. Die Hälfte des geschmorten Rotkrauts gleichmäßig darauf verteilen und ein Viertel der Käsesauce darüberträufeln. 2 Lasagneblätter darüberlegen und das Rotkraut und ein Viertel der Käsesauce darauf verteilen. Mit den beiden restlichen Lasagneblättern abdecken und die verbliebene Käsesauce daraufstreichen. Die Lasagne im Backofen etwa 30 Minuten goldgelb backen.

laktosefrei bzw. -arm	kuhmilchfrei	hefefrei	ohne Weizen	glutenfrei

586 kcal | 26 g F | 3,8 BE

Penne
mit Rindfleisch-Wurzelsugo

Zutaten für 2 Portionen

260 g	mageres Hackfleisch (Faschiertes) vom Rind
1	große Zwiebel, gewürfelt
2	Knoblauchzehen, fein gehackt
200 g	Karotten, klein geschnitten
100 g	Knollensellerie, klein geschnitten
1 EL	Oregano, getrocknet
125 ml	Rotwein
1 Dose	Tomatenfruchtfleisch (400 g)
2	Lorbeerblätter
2 EL	Olivenöl
	schwarzer Pfeffer, frisch gemahlen
	Meersalz
100 g	Vollkorn-Penne (oder andere kurze Pasta)

1 Das Olivenöl in einem weiten Topf mit schwerem Boden oder einer Pfanne erhitzen und die Zwiebelstücke darin glasig braten.

2 Das Rindfleisch, die Gemüsestücke sowie den Knoblauch und Oregano hinzufügen und einige Minuten unter Rühren anbraten. Mit Rotwein ablöschen und kurz einkochen lassen.

3 Das Tomatenfruchtfleisch und die Lorbeerblätter zugeben, salzen und pfeffern und bei mäßiger Hitze mindestens 1 Stunde köcheln lassen. Falls erforderlich, ein wenig Wasser hinzufügen, das Sugo soll aber schön eingekocht, keinesfalls flüssig sein. Nochmals mit Salz und Pfeffer abschmecken.

4 Die Penne al dente kochen, abgießen und mit dem Rindfleisch-Wurzelsugo anrichten.

Flexitarian-Variante: Mit 60 g Taleggio pro Person servieren.

laktosefrei bzw. -arm	kuhmilch-frei	hefefrei	ohne Weizen	glutenfrei
x	x			

527 kcal | 15 g F | 3 BE

Ernährung als Wärmespender

Die kalte Jahreszeit stellt besonders hohe Anforderungen an unsere Ernährung. Die Empfehlungen sind ähnlich wie in der Ernährung für den Herbst. Wärmende Gewürze, Fleisch, Fisch, Hülsen- und Trockenfrüchte und Lagergemüse sind ideale Zutaten. Als Zubereitungsarten sind langes Schmoren und Kochen ideal.

Da tierische Lebensmittel generell wärmender als pflanzliche Nahrungsmittel wirken, ist es für Vegetarier in der kalten Jahreszeit besonders wichtig, mit wärmenden Gewürzen zu kochen.

Vermeiden Sie es, im Winter zu wenig zu essen oder abends nur ein Joghurt zu sich zu nehmen. Salate aus Kraut oder Rüben sind günstig in Kombination mit gebratenen oder gekochten Speisen.

Winter

Warenkunde Wintergemüse

Kraut und Kohl

Alle Mitglieder der Kraut- und Kohl-Familie sind wahre Vitamin- und Mineralstoffbomben. Sie enthalten insbesondere jede Menge Vitamin C und machen damit Zitrus- und anderen exotischen Früchten, die oft als die wichtigsten Vitaminlieferanten für unsere Wintermonate angesehen werden, große Konkurrenz.

Da Kraut und Kohl hierzulande angebaut werden und somit auch keine langen Transportwege erforderlich sind, kommen sie frisch und noch dazu sehr preisgünstig auf unseren Tisch. Das prädestiniert sie im Winter als eine „kulinarische Grippevorbeugung".

Damit nicht genug, weisen Kraut und Kohl auch krebsvorbeugende Wirkung auf. Studien belegen, dass ihr Konsum vor allem das Darmkrebsrisiko senken kann. Diese Wirkung ist den in ihnen enthaltenen Glucosinolaten zu verdanken, das sind Bioaktivstoffe, die kanzerogene Stoffe aus dem Körper leiten. Diese Glucosinolate sind übrigens auch für den typischen Kohlgeruch verantwortlich. Kraut und Kohl sind aber nicht nur Nährstoffwunder, sondern bei entsprechender Zubereitung auch kulinarische Köstlichkeiten. Sie spielen in vielen regionalen Küchen eine wichtige Rolle und sind längst nicht mehr nur Beilagengerichte.

Weißkraut (Weißkohl)

Weißkraut ist ein klassisches Wintergemüse und die in Europa am weitesten verbreitete Kohlsorte. Aufgrund seines hohen Vitamin- und Mineralstoffgehaltes ist das Weißkraut ein wahrer Gesundheitsbrunnen für den Winter. Seinen Nimbus als „Arme-Leute-Essen" hat es zu Recht verloren, lassen sich doch daraus köstliche Salate, Eintöpfe oder Rouladen zubereiten. Ein großer Teil des Weißkrauts wird allerdings – fein gehobelt und milchsauer vergoren – zu Sauerkraut verarbeitet.

Im Zuge dieser Gärung entwickelt Sauerkraut das Vitamin B12, das für die Blutbildung und das Zellwachstum benötigt wird. Da dieses Vitamin ansonsten nur in tierischen Lebensmitteln enthalten ist, ist Sauerkraut für Vegetarier besonders empfehlenswert.

Einkaufs- und Verarbeitungstipps:

- Die Krautköpfe sollen fleckenfrei und fest sein.
- Frühreife Sorten sind zumeist grüner als die eher gelblichen spätreifen Sorten. Krautköpfe, die frisch vom Feld kommen, sind meist noch von einigen Deckblättern umgeben.
- Insbesondere die spätreifen Sorten lassen sich an einem kühlen Ort einige Wochen lagern.
- Bei der Vorbereitung werden die äußeren Blätter und der Strunk entfernt. Die übrigen Blätter schneidet man quer in Streifen und entfernt dabei die dicken Rippen.
- Das Würzen mit Kümmel macht Krautgerichte leichter verdaulich.

Top-Gehalt an: Vitamin C, Folsäure, Kalium, außerdem an Calcium, Phospor, Magnesium, Natrium, Jod, Eisen, Vitamin B, Provitamin A und Ballaststoffen.

189

Wirsing

Wirsing ist eine ganzjährig erhältliche Kohlsorte, die aufgrund des würzig-nussigen Geschmacks in den letzten Jahren stark an Beliebtheit gewonnen hat. Dabei weisen Herbst- und Wintersorten einen kräftigeren Geschmack auf als jene von Frühjahr und Sommer. Wirsing ist in der Küche sehr vielseitig verwendbar – von Eintöpfen und Rouladen bis hin zur sehr gesunden und dekorativen Verwendung des Frühwirsings in Salaten. Klassisch ist die Kombination von Wirsing und Schinken. Wirsing ist auch Bestandteil des Suppengrüns.

Einkaufs- und Verarbeitungstipps:

- Wirsingköpfe sind nicht so fest wie Weiß- und Rotkraut, die Blätter sollen aber in jedem Fall knackig sein.

- Wirsing ist mit max. 1 Woche nicht so lange lagerfähig wie Weiß- und Rotkraut.

- Wirsing sollte nicht zu lange gekocht werden, da Inhaltsstoffe und Geschmack darunter leiden.

Top-Gehalt an: Vitamin C, Vitamin B6, E und K, außerdem Folsäure, Eisen, Phosphor, Calcium, Kalium und Magnesium.

Rosenkohl (österr.: Kohlsprossen)

Bei Rosenkohl handelt es sich nicht um Mini-Kohlköpfe, sondern um Triebknospen der Kohlpflanze. Rosenkohl ist ein relativ junges Mitglied der Kohlfamilie; erstmals wurde er erst im 19. Jahrhundert in der Nähe von Brüssel kultiviert (daher auch die Bezeichnung „Brüsseler Kohl"). Haupterntezeit ist gegen Jahresende; er lässt sich hervorragend einfrieren.

So klein er ist, weist Rosenkohl doch einen mit seinen größeren Verwandten vergleichbaren Vitamin- und Mineralstoffgehalt auf. Sein hoher Gehalt an Thiamin (Vitamin B) sowie Folsäure hilft gegen Konzentrationsmangel und Nervenbelastung. Aufgrund seines vergleichsweise geringen Wassergehaltes hat Rosenkohl einen besonders würzigen Geschmack. Er findet vor allem als Beilage zu Fleischspeisen sowie in Aufläufen und Eintöpfen Verwendung.

Einkaufs- und Verarbeitungstipps:

- Die Köpfchen sollten klein, fest und geschlossen sein.

- Im Kühlschrank lässt sich Rosenkohl max. 4 Tage lagern. Achtung: Bei altem Rosenkohl wird der Geschmack unangenehm intensiv und streng.

- Vor der Zubereitung eventuell die äußeren Blätter entfernen und die Strünke ein wenig zurückschneiden. Durch ein kreuzweises Einschneiden der Strünke verringert sich die Garzeit.

Top-Gehalt an: Vitamin C, B-Vitaminen, Folsäure, Eisen, Kalium.

Rote Bete (österr.: Rote Rübe, Randen)
Die Rote Bete zählt zur Familie der Fuchsschwanzgewächse und ist mit der Zuckerrübe und dem Mangold verwandt. Sie wurde schon vor zweitausend Jahren im nahen Osten kultiviert und kam mit den Römern nach Mitteleuropa. Heute wird sie in vielen Ländern mit gemäßigtem Klima angebaut und ist bei uns ein klassisches Wintergemüse, das bis zum ersten Frost geerntet wird. Danach kann sie an einem dunklen, trockenen und kühlen Ort lange gelagert werden.

Dass sie oft nur als süßsaurer Salat aus dem Glas auf den Tisch kommen, wird den Roten Beten nicht gerecht. Zu ihnen passen kräftige und scharfe Gewürze, frisch geriebener Meerrettich (Kren), Senf, Ingwer, Koriander und Kümmel sowie die Kräuter Schnittlauch, Petersilie und Dill. Sie harmonieren gut mit Fisch (z. B. Hering oder Forelle), aber auch mit Frischkäse und Nüssen.

Bekannte Gerichte mit Roten Beten sind der russische Borschtsch (ein Eintopf aus Fleisch, Roter Bete, Kartoffeln und Weißkraut) sowie Labskaus, das in Norddeutschland, vor allem in Hamburg, aus den Hauptzutaten Rote Bete, Corned Beef, Matjes, Kartoffeln und Zwiebeln zubereitet wird. Außerdem wird die Rote Bete gerne als Saft – pur oder in Kombination mit anderen Gemüsesorten – konsumiert.

Betanin, jener Farbstoff aus der Gruppe der Anthocyane, dem die Rübe ihre rote Färbung verdankt, ist ein wichtiger Wirkstoff gegen Krankheitserreger; macht er doch Viren und Bakterien inaktiv und fördert ihr Ausscheiden aus dem Körper. Die Rote Bete weist zudem einen sehr hohen Folsäure-Gehalt auf und schützt dadurch vor überhöhten Homocysteinwerten und damit einhergehend vor Arteriosklerose und Herz-Kreislauf-Erkrankungen. Außerdem verstärkt Rote Bete die Wirkung von Vitamin C, das über andere Lebensmittel aufgenommen wird, fördert die Blutbildung und stärkt die Nerven. Täglich über einige Zeit ein Glas Rote-Bete-Saft zu trinken oder ein Schälchen Rote-Bete-Salat zu essen stärkt somit das Immunsystem für die kalte Jahreszeit.

Zurückhaltend beim Konsum von Roten Beten müssen jene Menschen sein, die zur Nierensteinbildung (Calcium-Oxalat-Steine) neigen, da die Rüben reich an Oxalsäure sind.

Von großer und zunehmender Bedeutung ist die Rote Bete in der Lebensmittelindustrie auch wegen des Betanins. So wird sie als natürliches Färbemittel z. B. bei der Speiseeis-Erzeugung verwendet.

Einkaufs- und Verarbeitungstipps:

- Kleine Beten kaufen, da größere leichter holzig sind und zudem einen höheren Nitratgehalt aufweisen. Die Rüben sollen prall, sauber und unbeschädigt sein, da sie sonst leichter faulen.

- Rote Beten stets in der Schale in Salzwasser kochen (je nach Größe ca. 30–40 Minuten) und dabei darauf achten, dass die Schale unverletzt ist, da sonst die positiven Wirkstoffe verloren gehen und die Rübe zudem grau wird.

- Im Handel sind fertig gegarte und vakuumierte Rote Beten erhältlich – eine gute Alternative, wenn es einmal schnell gehen muss.

- Beim Marinieren ist Zitronensaft Essig vorzuziehen, da das Vitamin C ein mögliches Umwandeln des Nitrats in schädliche Nitrosamine verhindert.

- Den Salat aus gekochten Roten Beten mit ein wenig geriebener roher Roter Bete zu kombinieren maximiert den positiven Gesundheitseffekt.

- Auch die Blätter der Roten Beten sind gekocht zum Verzehr geeignet und vitamin- und mineralstoffreich.

Top-Gehalt an: Folsäure, Betanin, Vitamin B, Kalium, Eisen.

Feldsalat (österr.: Vogerlsalat, Mausohrensalat)
Der Feldsalat wird zwar erst seit dem 20. Jahrhundert als Kulturpflanze gezogen, ist aber heute vor allem in Europa weit verbreitet. Er wird mitunter auch als „König der Salate" bezeichnet. Dazu trägt sein angenehm nussiger Geschmack bei, aber auch der Umstand, dass er sehr frostunempfindlich ist und daher einen idealen Wintersalat darstellt.

Zudem ist der Feldsalat im Vergleich zu anderen Salatsorten sehr mineralstoff- und vitaminreich. Der in ihm enthaltene Stoff Lactucerol beruhigt die Nerven und hilft gegen Stress. Seine Bitterstoffe regen den Darm und das Immunsystem an. Das für das nussige Aroma verantwortliche ätherische Baldrianöl wirkt entspannend.

Einkaufs- und Verarbeitungstipps:

- Beim Einkauf darauf achten, dass die Blätter knackig frisch sind. Welke Blätter haben einen Großteil ihrer positiven Inhaltsstoffe bereits verloren.

- Im Gemüsefach des Kühlschranks lässt sich der Feldsalat wenige Tage aufbewahren, rascher Verzehr ist aber empfehlenswert.

- Vor der Zubereitung gut in kaltem, aber nicht fließendem Wasser abwaschen, um eventuelle Sand- und Erdreste zu entfernen. Die Wurzelansätze entfernen.

- Den Feldsalat kurz in Eiswasser legen. Das macht ihn besonders knackig.

- Aufgrund seiner schönen Form ist Feldsalat auch zum Garnieren von Speisen sehr beliebt.

Top-Gehalt an: Provitamin A und Vitamin C, Eisen, Magnesium, Kalium und Calcium.

Esskastanien und Maroni

Maroni sind ein beliebter Wintersnack, der an Straßenständen und auf Weihnachtsmärkten angeboten wird. Gekocht lassen sich daraus köstliche Suppen und Pürees zubereiten. Maroni lassen sich gut mit Äpfeln und den verschiedenen Kohlarten kombinieren, sie werden glasiert als Beilage gereicht und sind oft Teil der Füllung für Gänse und Enten. Beliebt sind auch Desserts (Mousses, Soufflés) und Kuchen auf Maronibasis. Das aus getrockneten Maroni gewonnene Maronimehl ist glutenfrei und daher für Zöliakie-Patienten ein guter Getreideersatz. Es eignet sich zum Brotbacken, für Pasta und für Gnocchi. Maroni sind sehr fettarm (nur 1,9 g Fett pro 100 g), kohlenhydratreich, und sie wirken basisch. Damit sind sie ein guter Ausgleich für unsere ansonsten oft säurelastige Ernährung.

Einkaufs- und Verarbeitungstipps:

- Frische Maroni haben von Ende September bis Ende Oktober Saison. Sie sind nicht lange haltbar, da sie schnell zu keimen beginnen. Dauermaroni, die ab Anfang November angeboten werden, lassen sich an einem kühlen, trockenen Ort (nicht im Kühlschrank!) etwa 2 Monate aufbewahren.

- Die Schale sollte glatt und glänzend sein. Ein geringes Gewicht deutet auf einen geschrumpften Kern hin.

- Die Schale kreuzweise einschneiden und die Maroni dann entweder im Backrohr etwa 20 Minuten rösten oder alternativ kochen.

- Im Handel sind zudem vorgegarte Maroni (in Dosen oder eingeschweißt) sowie Maronicremes erhältlich.

Top-Gehalt an: Kohlenhydraten, essentiellen Aminosäuren, Kalium.

Gebratene Entenbrust
mit buntem Krautsalat

Zutaten für 2 Portionen

300 g	Entenbrustfilet
2	Thymianzweige
150 g	Rotkraut, fein gehobelt oder geschnitten
150 g	Weißkraut, fein gehobelt oder geschnitten
½	Orange, geschält
25 g	Walnusskerne
4	getrocknete Aprikosen (Marillen)
1 EL	Olivenöl
1 EL	Walnussöl
3 EL	Orangensaft, frisch gepresst
	schwarzer Pfeffer, frisch gemahlen
	Meersalz

1 Den Backofen auf 180 °C vorheizen.

2 Für den bunten Krautsalat die getrockneten Aprikosen etwa 20 Minuten in warmes Wasser legen (sie werden dadurch weicher), dann abgießen und klein schneiden. Die Orange quer in dünne Scheiben schneiden, diese vierteln.

3 Das Oliven- und das Walnussöl mit dem Orangensaft, Salz und Pfeffer zu einem Dressing verrühren.

4 Das Rot- und das Weißkraut in einer Salatschüssel mit den Orangen- und Aprikosenstücken sowie den Walnusskernen vermischen und mit dem Dressing marinieren.

5 Die Entenbrustfilets mit der Hautseite nach unten in eine kalte Pfanne mit schwerem Boden legen und bei niedriger bis mittlerer Hitze 10 Minuten braten. Aus der Pfanne heben, beidseitig salzen und pfeffern und in eine ofenfeste Form geben. Mit dem Thymian belegen und im Backofen etwa 8 Minuten garen (abhängig von der Dicke der Filets; sie sollen innen rosa sein). Das Fleisch zugedeckt ein paar Minuten ruhen lassen.

6 Die gebratene Entenbrust in Scheiben schneiden, nochmals leicht salzen und pfeffern und mit dem Krautsalat anrichten.

Flexitarian-Variante: Mit 70 g gebratenem Käse (Halloumi) servieren.

laktosefrei bzw. -arm	kuhmilch-frei	hefefrei	ohne Weizen	glutenfrei
x	x	x	x	x

542 kcal I 37 g F I 0,9 BE

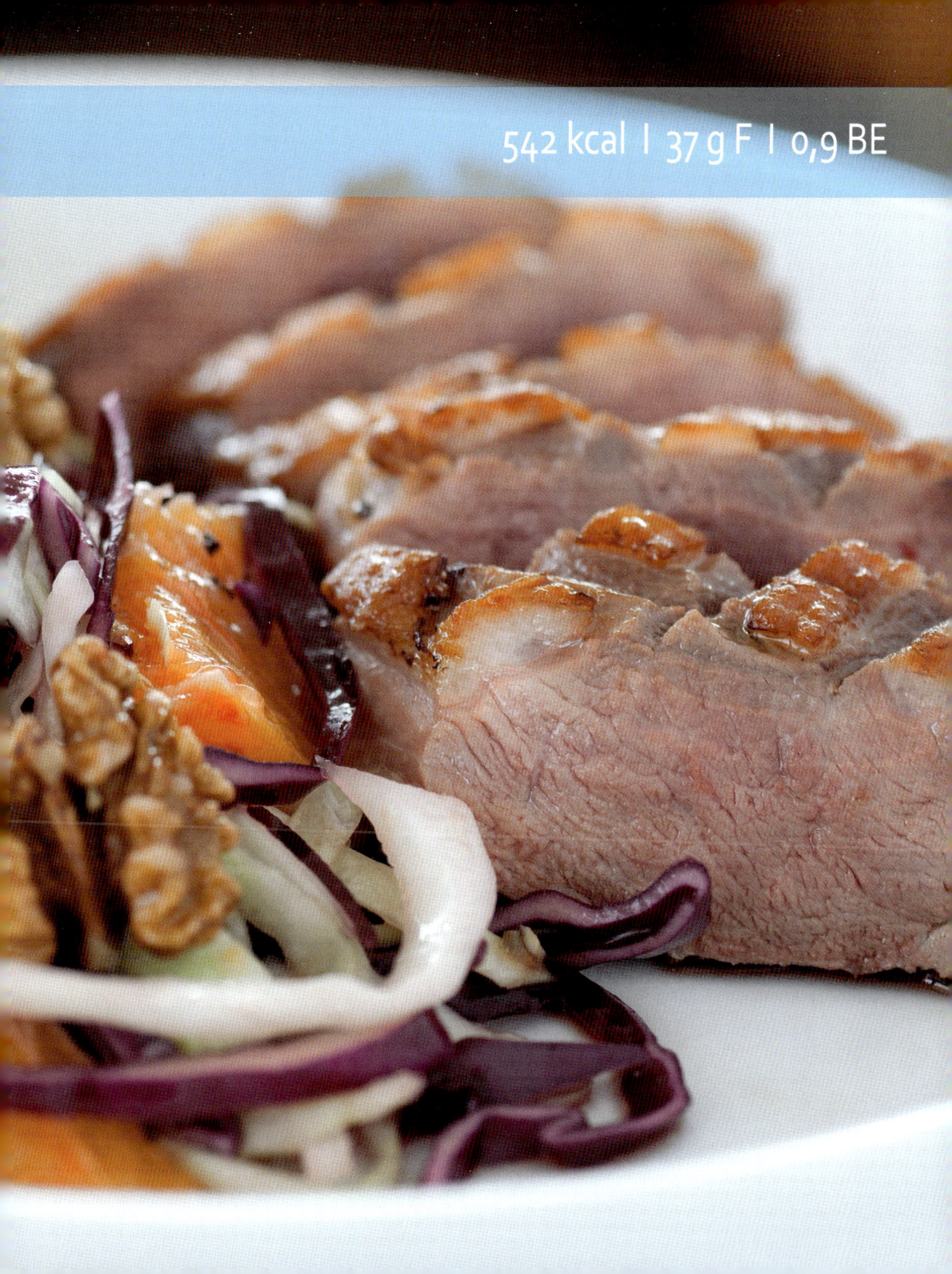

Entenbrust
mit süßsaurem Kürbis und Basmati-Naturreis

Zutaten für 2 Portionen

1	große Entenbrust (ca. 400 g)
300 g	Kürbis (z. B. Butternuss), geschält und in ca. 1 cm große Würfel geschnitten
½	rote Zwiebel, fein gewürfelt
1	Orange, Saft ausgepresst
150 ml	Wasser
1 TL	Currypulver, mild
1 Prise	Chili (nach Belieben)
½ EL	frischer Ingwer, fein gehackt
1 kl. Stk.	Zimtrinde
½ EL	Zucker
½ TL	Korianderkörner
1 Schuss	Weißwein- oder Apfelessig (oder Verjus)
1 EL	Rapsöl
	schwarzer Pfeffer, frisch gemahlen
	Meersalz
80 g	Basmati-Naturreis

1 Den Basmati-Naturreis waschen, dann mit der doppelten Menge Wasser, 1 Esslöffel Öl und etwas Salz etwa 35 Minuten garen.

2 Für den süßsauren Kürbis alle Zutaten (inkl. Pfeffer und einem halben Teelöffel Salz) in einem Topf verrühren, aufkochen und zunächst 15 Minuten zugedeckt garen, dann den Topf abdecken und so lange weiterkochen, bis der Kürbis weich ist. Das dauert etwa 15 Minuten; der Kürbis soll aber noch etwas Biss haben. Das Kürbisgemüse nochmals mit Salz und Pfeffer abschmecken.

3 Die Entenbrust salzen und mit der Hautseite nach unten in eine kalte Pfanne legen. Die Pfanne erhitzen und die Entenbrust 10 Minuten garen, dann wenden und 2 Minuten auf der anderen Seite braten. Die Entenbrust weitere zwei Mal wenden und jeweils 2 Minuten braten, dann aus der Pfanne nehmen und zugedeckt einige Minuten ruhen lassen.

4 Den süßsauren Kürbis auf Teller verteilen, die Entenbrust in Scheiben schneiden, salzen und pfeffern und auf dem Kürbisgemüse anrichten. Mit dem Basmati-Naturreis servieren.

Flexitarian-Variante: Mit 70 g gebratenem Tofu servieren.

laktosefrei bzw. -arm	kuhmilchfrei	hefefrei	ohne Weizen	glutenfrei
X	X		X	X

542 kcal I 23 g F I 2,9 BE

Thailändisches Hühnercurry (mild)
mit Basmati-Naturreis

Zutaten für 2 Portionen

280 g	Hühnerbrust, in Streifen geschnitten
3 EL	Fischsauce (Asia-Laden)
2	Knoblauchzehen, fein gehackt
1 EL	mildes Currypulver
75 ml	Kokosmilch
100 g	Kohlrabi, geschält, in dünne Streifen geschnitten
100 g	Karotten, geschält, in dünne Scheiben geschnitten
100 g	roter Paprika, in Streifen geschnitten
100 g	Sojasprossen
2 EL	Sojasauce (Tamari)
1 kl. Bund	Thai-Basilikum *), ersatzweise frischer Koriander
2 EL	Rapsöl
80 g	Basmati-Naturreis

*) Thai-Basilikum unterscheidet sich geschmacklich stark von seinem mediterranen Namensvetter und kann deshalb nicht durch dieses ersetzt werden.

Beachten Sie bitte die Zutaten der Saucen. Flexitarian-Variante: 70 g rote Linsen in das Curry einkochen.

1 Die Hühnerfiletstreifen etwa 15 Minuten mit der Fischsauce marinieren.

2 Den Basmati-Naturreis nach Packungsanleitung kochen.

3 In einem Wok das Rapsöl erhitzen und den fein gehackten Knoblauch darin kurz anbraten. Dann das Hühnerfleisch und das Currypulver hinzugeben und unter Rühren 3 Minuten braten. Mit Kokosmilch aufgießen, das Gemüse, die Sojasauce und 3 Esslöffel Wasser hinzufügen und zugedeckt 4 Minuten garen.

4 Zuletzt das Thai-Basilikum untermischen und das Hühnercurry mit dem Basmati-Naturreis servieren.

laktosefrei bzw. -arm	kuhmilch-frei	hefefrei	ohne Weizen	glutenfrei
x	x			

Marokkanische Hühnerbrüste
mit Karotten, Aprikosen und Vollkorn-Bulgur

Zutaten für 2 Portionen

2	Hühnerbrüste (à 140 g)
1	große Zwiebel, in dünne Ringe geschnitten
1 TL	Ingwer, gemahlen
1 Prise	Safran
½ TL	Zimt
300 g	Karotten, in dünne Scheiben geschnitten
60 g	getrocknete Aprikosen (Marillen), geviertelt
2 TL	Minze, getrocknet
300 ml	Wasser
	frische Minze oder Petersilie
2 EL	Olivenöl
	schwarzer Pfeffer, frisch gemahlen
	Meersalz
100 g	Vollkorn-Bulgur (in türkischen Geschäften erhältlich)

1 Das Olivenöl in einem Topf oder einer tiefen Pfanne mit passendem Deckel mäßig erhitzen, die Zwiebelringe hinzufügen und zugedeckt etwa 8 Minuten schmoren, dabei mehrmals umrühren.

2 Ingwer, Zimt und Safran unter die Zwiebel rühren, dann die Hühnerbrüste hinzugeben und rundum leicht anbräunen. Die Karottenscheiben, Aprikosenstücke und die getrocknete Minze beifügen. Mit Wasser aufgießen, salzen und pfeffern und zugedeckt 15 Minuten garen.

3 Den Bulgur nach Packungsanleitung kochen.

4 Das Hühnerfleisch aus dem Topf nehmen und warm halten. Den Garsud mit den Karotten einige Minuten bei kräftiger Hitze reduzieren, dann die Hühnerbrüste kurz in dieser Sauce wenden.

5 Die Hühnerbrüste mit der Sauce anrichten und mit etwas frischer Minze oder Petersilie garnieren. Den Bulgur als Beilage dazu reichen.

laktosefrei bzw. -arm	kuhmilch-frei	hefefrei	ohne Weizen	glutenfrei
x	x	x		

Schweinemedaillons
mit Apfel-Krautsalat

Zutaten für 2 Portionen

300 g	Schweinefilet, in dicke Medaillons geschnitten
1 Prise	Chiliflocken, getrocknet
300 g	Weißkraut, sehr fein geschnitten
1	Apfel, geschält, halbiert und Kerngehäuse entfernt
2 EL	Zitronensaft
2 EL	Schnittlauch, gehackt
4 EL	Olivenöl
	schwarzer Pfeffer, frisch gemahlen
	Meersalz

1 Für die Salatmarinade (anstelle einer Mayonnaise) 1 Apfelhälfte mit 3 Esslöffeln Öl, dem Zitronensaft und 3 Esslöffeln Wasser mixen, salzen und pfeffern.

2 Das fein geschnittene Weißkraut mit kochendem Wasser übergießen oder kurz blanchieren. Die andere Apfelhälfte grob raspeln und mit der Marinade gut unter das Kraut mischen. Nochmals mit Salz und Pfeffer abschmecken und mit gehacktem Schnittlauch bestreuen.

3 Die Schweinemedaillons dünn mit 1 Esslöffel Olivenöl bestreichen. Pfeffer, Chiliflocken und Salz mischen und das Fleisch damit auf beiden Seiten würzen. Eine Grillpfanne oder den Grill stark erhitzen und das Fleisch von jeder Seite 2–3 Minuten braten, vom Feuer nehmen und kurz ruhen lassen.

4 Die Medaillons mit dem Apfel-Krautsalat anrichten.

Flexitarian-Variante: Mit 70 g Käsewürfeln (z. B. Edamer) servieren.

laktosefrei bzw. -arm	kuhmilch-frei	hefefrei	ohne Weizen	glutenfrei
x	x	x	x	x

453 kcal I 29 g F I 0,7 BE

Schweinefilet
mit Kohl, Maroni und Kartoffelpüree

Zutaten für 2 Portionen

300 g	Schweinefilet
300 g	Kohl, geviertelt, vom Strunk befreit und grob zerkleinert
30 g	Schinkenspeck, in Streifen geschnitten
1	Knoblauchzehe, in dünne Scheiben geschnitten
80 g	Maroni, gegart, geschält (aus Glas oder Dose)
1 TL	Thymian, getrocknet
1 Prise	Kümmel, gemahlen
25 ml	Sherry
2 EL	Rapsöl
	schwarzer Pfeffer, frisch gemahlen
	Meersalz
250 g	mehlig kochende Kartoffeln, geschält

1 Den Backofen auf 180 °C vorheizen.

2 Den Kohl in einem großen Topf mit Salzwasser bissfest kochen, dann abgießen und abtropfen lassen.

3 Den Speck in einer beschichteten Pfanne mit 1 Esslöffel Öl ein paar Minuten knusprig ausbraten. Den Knoblauch hinzufügen und bei reduzierter Hitze etwa 1 Minute Farbe annehmen lassen. Die Maroni, Thymian und Kümmel unterrühren und etwa 2 Minuten mitbraten. Dann den Sherry angießen, 1 Minute köcheln lassen und schließlich den Kohl dazugeben. Gut mit den anderen Zutaten verrühren und heiß werden lassen. Mit Salz und Pfeffer abschmecken.

4 Das Schweinefilet salzen und pfeffern und in einer ofenfesten Pfanne in wenig Rapsöl rundherum anbraten. Im Backofen etwa 15 Minuten garen.

5 Für den Kartoffelschnee die Kartoffeln in Salzwasser kochen, abseihen und durch die Kartoffelpresse drücken.

6 Das Schweinefilet in dicke Scheiben schneiden und mit dem Kohlgemüse und dem Kartoffelschnee anrichten.

laktosefrei bzw. -arm	kuhmilch-frei	hefefrei	ohne Weizen	glutenfrei
x	x		x	x

529 kcal | 21 g F | 2,8 BE

Rinderrouladen
mit Vollkornnudeln

Zutaten für 2 Portionen

2	dünne Rinderschnitzel (à 140 g) (z. B. aus der Keule)
2	Schinkenspeckscheiben
1 EL	Senf, scharf
2	Essiggurken, in Streifen geschnitten
1	Karotte, in Streifen geschnitten
1	Zwiebel, in Streifen geschnitten
1	Zwiebel, gewürfelt
1	Knoblauchzehe, fein gehackt
300 g	Suppengemüse (Karotte, Sellerie, Lauch), gewürfelt
½ EL	Tomatenmark
125 ml	kräftiger Rotwein
375 ml	Gemüsebrühe
1	Thymianzweig
1	Lorbeerblatt
3	Wacholderbeeren
2 EL	Rapsöl
	schwarzer Pfeffer, frisch gemahlen
	Meersalz
80 g	Vollkorn-Fusilli (Spiralnudeln; oder Penne)

Bitte beachten Sie die Zutaten der Suppenwürze.

laktosefrei bzw. -arm	kuhmilch-frei	hefefrei	ohne Weizen	glutenfrei
x	x			

1 Die Rinderschnitzel zwischen Klarsichtfolie legen und mit einem Plattiereisen oder mit dem Boden einer Pfanne möglichst dünn klopfen.

2 Das Fleisch auf einer Seite mit Senf bestreichen und mit je 1 Scheibe Schinkenspeck belegen. Die Gurken- und Karottenstreifen sowie die Zwiebelstreifen darauf verteilen. Die Fleischscheiben seitlich leicht einschlagen, dann aufrollen. Mit Küchengarn binden oder mit Zahnstochern fixieren, salzen und pfeffern.

3 Das Öl in einem kleinen Schmortopf oder Bräter mit passendem Deckel erhitzen und die Rouladen rundum scharf anbraten. Dann aus dem Topf heben und die Zwiebelwürfel, den Knoblauch und das Gemüse darin bräunen. Das Tomatenmark einrühren und kurz mitrösten. Rotwein und Brühe in den Topf gießen, die Kräuter und Gewürze hinzufügen und die Rouladen wieder einlegen. Salzen und pfeffern und die Rouladen zugedeckt etwa 1½ Stunden weich schmoren. In der Zwischenzeit die Fusilli in Salzwasser kochen.

4 Die Rouladen aus dem Topf nehmen und warm stellen. Das Schmorgemüse mit dem Schmorsaft pürieren, zurück in den Topf geben und die Rouladen darin nochmals kurz durchziehen lassen.

5 Die Fusilli auf Teller geben, je 1 Rinderroulade daraufsetzen und mit der Sauce übergießen.

Lammrücken
mit arabischem Gemüse-Couscous

Zutaten für 2 Portionen

400 g	Lammrücken (mit Knochen)
1 EL	Ras al Hanout (marokkanische Gewürzmischung)
1	Schalotte, fein gewürfelt
150 g	Karotten, sehr klein gewürfelt
150 g	Pastinake, sehr klein gewürfelt
2	getrocknete Aprikosen (Marillen), fein gehackt
1 Prise	Zimt
1 Prise	Ingwer, gemahlen
1 Prise	Kardamom, gemahlen
1 Prise	Chili
3 EL	Orangensaft
2 EL	Petersilie, gehackt
80 g	Couscous
250 ml	Gemüsebrühe, kochend
3 EL	Olivenöl
	schwarzer Pfeffer, zerstoßen
	Meersalz

1 Den Backofen auf 200 °C vorheizen.

2 Den Lammrücken mit Salz, Pfeffer und Ras al Hanout würzen. In einer ofenfesten Pfanne in 1 Esslöffel Öl anbraten und im Backrohr etwa 15 Minuten fertig garen. Das Fleisch einige Minuten ruhen lassen.

3 2 Esslöffel Olivenöl in einem Topf erhitzen, die Schalotten- und Gemüsewürfel sowie die Gewürze hinzufügen und einige Minuten unter Rühren anbraten. Den Orangensaft und etwas Wasser hinzufügen und das Gemüse zugedeckt weitere 5 Minuten garen.

4 Den Couscous in einer Schüssel mit der kochenden Gemüsebrühe übergießen. Zugedeckt 3 Minuten quellen lassen, dann mit einer Gabel auflockern. Das gegarte Gemüse mit den Aprikosen und der gehackten Petersilie unter den Couscous mischen. Nochmals abschmecken.

5 Den Lammrücken in Koteletts teilen und mit dem Couscous anrichten.

Bitte beachten Sie die Zutatenliste der Gemüsebrühe.
Flexitarian-Variante: Mit 70 g Fetawürfeln, unter den Couscous gemischt, servieren.

laktosefrei bzw. -arm	kuhmilch-frei	hefefrei	ohne Weizen	glutenfrei
x	x	x		

554 kcal | 26 g F | 2,9 BE

Borschtsch
mit Lachsfilet

Zutaten für 2 Portionen

300 g	Lachsfilet
1	kleine rote Zwiebel, in Ringe geschnitten
1	Karotte, in Scheiben geschnitten
1	Knoblauchzehe, gehackt
200 g	Weißkraut, in feine Streifen geschnitten
250 g	Rote Bete, vorgekocht, in 1 cm große Würfel geschnitten
200 g	Kartoffeln, geschält, in 1 cm große Würfel geschnitten
1	Lorbeerblatt
1 Prise	Kümmel
1 Schuss	(Rotwein-)Essig
500 ml	Gemüsebrühe
3 EL	Rapsöl
	schwarzer Pfeffer, frisch gemahlen
	Meersalz
etwas	Dill als Garnitur

1 2 Esslöffel Rapsöl in einem Topf erhitzen und die Zwiebel, die Karotte und den Knoblauch darin 3 Minuten braten. Das Weißkraut, die Rote Bete und die Kartoffeln hinzufügen, kurz mitbraten, dann mit etwas Essig ablöschen.

2 Das Lorbeerblatt und den Kümmel in den Topf geben und mit der Gemüsebrühe aufgießen. Salzen und pfeffern und zugedeckt 45 Minuten köcheln. Das Lorbeerblatt entfernen und den Borschtsch nochmals abschmecken.

3 Das Lachsfilet in 2 Tranchen schneiden und auf der Hautseite salzen und pfeffern. 1 Esslöffel Öl in einer beschichteten Pfanne erhitzen und das Lachsfilet etwa 3 Minuten (abhängig von der Dicke des Filets) auf der Hautseite braten. Wenden und 1 weitere Minute braten.

4 Den Borschtsch in tiefen Tellern anrichten und die gebratenen Lachsfilets daraufsetzen. Nach Wunsch mit etwas Dill garnieren.

Bitte beachten Sie die Zutaten der Suppenwürze.
Flexitarian-Variante: Pro Person 60 g Räuchertofu zum Borschtsch servieren.

laktosefrei bzw. -arm	kuhmilch-frei	hefefrei	ohne Weizen	glutenfrei
x	x		x	x

510 kcal I 25 g F I 2,2 BE

Zander-Krautstrudel
mit Paprikasauce

Zutaten für 2 Portionen

280 g	Zanderfilet
200 g	Kartoffeln, geschält, in 2 cm große Würfel geschnitten
200 g	Weißkraut, fein gehobelt oder geschnitten
2	Knoblauchzehen, gepresst
125 ml	trockener Weißwein
½ EL	Paprikapulver
2	Strudelteigblätter
1	rote Paprikaschote, in kleine Würfel geschnitten
1	Knoblauchzehe, gehackt
1 TL	Thymian, getrocknet
200 ml	Gemüsesuppe
1 Prise	Chili oder scharfes Paprika-pulver nach Geschmack
3 EL	Rapsöl
	schwarzer Pfeffer, frisch ge-mahlen
	Meersalz

Bitte beachten Sie die Zutatenliste der Gemü-sebrühe.

laktosefrei bzw. -arm	kuhmilch-frei	hefefrei	ohne Weizen	glutenfrei
x	x			

1 Den Backofen auf 200 °C vorheizen.

2 Die Kartoffelwürfel in Salzwasser bissfest kochen, abgießen und etwas auskühlen lassen.

3 In einem ausreichend großen Topf 1 Esslöffel Öl erhitzen, das Kraut und den Knoblauch hin-zufügen und 15 Minuten bei geringer Hitze kö-cheln. Mit Salz, Pfeffer und Kümmel würzen, mit dem Weißwein ablöschen und das Kraut weich garen (den Wein verdampfen lassen). Auskühlen lassen, dann das Paprikapulver unterrühren und mit den gegarten Kartoffelstücken vermischen. Nochmals mit Salz und Pfeffer abschmecken.

4 Das Zanderfilet salzen und pfeffern und in größere Stücke schneiden. Die Strudelblätter übereinanderlegen und mit Öl bestreichen. Die untere Hälfte der Strudelblätter mit der Kraut-Kartoffelmischung belegen und die Zan-derstücke darauf verteilen. Den Strudel straff einrollen, dabei die Teigenden seitlich einschla-gen. Auf ein mit Backpapier belegtes Backblech heben (die Nahtstelle unten), mit Öl bestreichen und 20 Minuten backen.

5 Für die Paprikasauce die Paprikawürfel mit dem Knoblauch und dem Thymian in 1 Esslöffel Öl etwa 4 Minuten braten, dann mit dem Gemü-sefond ablöschen. Mit Chili- oder Paprikapulver, Salz und Pfeffer würzen und 10 Minuten leise köcheln lassen und pürieren. Den Strudel auf-schneiden und mit der Paprikasauce servieren.

Saiblingsfilet
mit Rote-Bete-Bulgur und Feldsalat-Meerrettichsauce

Zutaten für 2 Portionen

300 g	Saiblingsfilet
1 EL	Olivenöl
100 g	Vollkorn-Bulgur
350 ml	Rote-Bete-Saft
200 g	Rote Bete, vorgegart, in ½ cm große Würfel geschnitten
50 g	Feldsalat (Vogerlsalat)
2 TL	Meerrettich (Kren), gerieben
2 EL	Leinöl
1 EL	Zitronensaft, frisch gepresst
	Olivenöl
	Meersalz
	schwarzer Pfeffer, frisch gemahlen

1 Den Backofen auf 120 °C vorheizen.

2 Den Vollkorn-Bulgur mit dem Rote-Bete-Saft und 1 Teelöffel Salz in einem kleinen Topf etwa 20 Minuten gar kochen. Die Rote-Bete-Würfel unter den Bulgur mischen. Mit Salz, Pfeffer und evtl. wenig Essig abschmecken.

3 Ein Backblech mit Backpapier belegen und dieses leicht mit Öl einstreichen. Die Fischfilets leicht salzen und mit der Hautseite nach unten auf das Backblech legen. Im Backofen je nach Dicke der Filets etwa 15 Minuten garen.

4 Für die Sauce den Feldsalat mit Meerrettich, Leinöl und Zitronensaft mixen und mit Salz und Pfeffer würzen.

5 Den Bulgur auf zwei Tellern anrichten, die Fischfilets daraufsetzen und mit der Feldsalat-Meerrettichsauce überziehen.

laktosefrei bzw. -arm	kuhmilch-frei	hefefrei	ohne Weizen	glutenfrei
x	x	x		

549 kcal I 19 g F I 4,6 BE

Garnelen
mit Avocado-Mango-Salsa und Jasminreis

Zutaten für 2 Portionen

300 g	Garnelen (möglichst bio-zertifiziert)
2 EL	Sojasauce (Tamari)
2 EL	Wasser
½ EL	Rohrzucker
125 g	reife Avocado, geschält, entkernt, klein gewürfelt
125 g	reife Mango, klein gewürfelt
1 EL	frischer Ingwer, gerieben
3 EL	Frühlingszwiebel, in dünne Ringe geschnitten
etwas	Chili (nach Geschmack)
1 Bund	frischer Koriander, Blätter grob gehackt
2	Limetten, Saft ausgepresst
1 EL	Sesamöl (erhitzbar)
	schwarzer Pfeffer, frisch gemahlen
	Meersalz
1 Handvoll	Feldsalat (Vogerlsalat)
80 g	Jasminreis (oder Basmatireis)

1 Den Reis nach Packungsanleitung garen.

2 Für die Salsa die Avocado- und Mangowürfel mit Ingwer, zwei Dritteln des Limettensaftes und 1 Esslöffel Sesamöl gut vermischen und mit Chili, Salz und Pfeffer abschmecken. Die Frühlingszwiebel und den Koriander erst kurz vor dem Servieren unterheben.

3 Die Sojasauce mit dem restlichen Limettensaft, Zucker und 2 Esslöffeln Wasser verrühren. In einer beschichteten Pfanne 1 Esslöffel Sesamöl erhitzen und die Garnelen darin beidseitig je 1 Minute anbraten. Die Sojasaucen-Limettensaft-Mischung angießen und die Garnelen weitere 3–4 Minuten garen, dabei mehrmals wenden, um sie ein wenig zu glasieren.

4 Den Feldsalat auf zwei Teller geben und die Garnelen mit der Salsa darauf verteilen. Mit Reis servieren.

Bitte beachten Sie die Zutatenliste der Sojasauce.
Flexitarian-Variante: Mit 70 g gebratenem Tofu servieren.

laktosefrei bzw. -arm	kuhmilch-frei	hefefrei	ohne Weizen	glutenfrei
x	x		x	x

Gebratenes Saiblingsfilet
auf Weinkraut

Zutaten für 2 Portionen

2	Saiblingsfilets (à 150 g)
2 Zweige	frischer (Zitronen-)Thymian
400 g	Weißkraut, ohne Strunk, in sehr feine Streifen geschnitten
1	kleine Zwiebel, in feine Ringe geschnitten
¼ L	trockener Weißwein (z. B. Sauvignon Blanc)
1	Lorbeerblatt
1 Prise	Kümmel, gemahlen
½ EL	Majoran, getrocknet
300 g	Kartoffeln
2 EL	Rapsöl
	schwarzer Pfeffer, frisch gemahlen
	Meersalz

1 Die Kartoffeln in reichlich Salzwasser gar kochen, dann schälen.

2 1 Esslöffel Rapsöl in einem größeren Topf erhitzen und die Zwiebelringe darin einige Minuten bei mäßiger Hitze anschwitzen, bis sie etwas Farbe annehmen. Das fein geschnittene Kraut, den Majoran, den Kümmel sowie Salz und Pfeffer hinzufügen und weitere 5 Minuten garen, dabei mehrmals umrühren. Den Weißwein angießen. Das Lorbeerblatt in den Topf geben und das Kraut etwa 30 Minuten schmoren. Nochmals mit Salz und Pfeffer abschmecken.

3 Die Saiblingsfilets beidseitig mit Salz und Pfeffer würzen. In 1 Esslöffel Rapsöl in einer beschichteten Pfanne zunächst auf der Hautseite etwa 3 Minuten braten, dabei die Thymianzweige mit in die Pfanne geben.

4 Die Filets wenden und 1 weitere Minute braten.

5 Die Saiblingsfilets auf dem Weinkraut anrichten und als Beilage Salz- oder Kümmelkartoffeln servieren.

Flexitarian-Variante: 60 g gebratener Räuchertofu pro Person.

laktosefrei bzw. -arm	kuhmilch-frei	hefefrei	ohne Weizen	glutenfrei
X	X		X	X

Ofengemüse
mit Süßkartoffeln und Ziegenweichkäse

Zutaten für 2 Portionen

150 g	Ziegenweichkäse, in Scheiben geschnitten
100 g	Kohlrabi, geschält
100 g	Karotten, geschält
100 g	Pastinaken (oder Petersilienwurzel), geschält
200 g	Rote Bete (Rote Rüben), geschält (Handschuhe verwenden!)
200 g	Süßkartoffeln, geschält
4	Knoblauchzehen, ungeschält
1 EL	Rosmarin und/oder Thymian, gehackt
1 EL	Olivenöl
	schwarzer Pfeffer, frisch gemahlen
	Meersalz
evtl. 1 EL	flüssiger Honig

1 Den Backofen auf 200 °C vorheizen.

2 Den Kohlrabi, die Karotten, den Sellerie, die Pastinaken und die Rote Bete in 2–3 cm große Würfel schneiden. Die Süßkartoffeln ebenfalls würfelig oder in Spalten schneiden.

3 Alles in einer ofenfesten Form mit Olivenöl, den Knoblauchzehen und den Kräutern vermischen, salzen und pfeffern. Das Gemüse etwa 35 Minuten im Backofen goldbraun und weich garen.

4 Das Ofengemüse auf Tellern anrichten, mit den Ziegenkäsescheiben belegen und – falls gewünscht – mit ein wenig Honig beträufelt servieren.

laktosefrei bzw. -arm	kuhmilch-frei	hefefrei	ohne Weizen	glutenfrei
	x	x	x	x

Kartoffel-Käselaibchen
mit würzigem Spinat

Zutaten für 2 Portionen

100 g	Feta-Käse, zerkrümelt
400 g	mehlig kochende Kartoffeln
1 Prise	Muskatnuss, frisch gerieben
300 g	Blattspinat
½	Zwiebel, in dünne Scheiben geschnitten
1	Knoblauchzehe, in dünne Scheiben geschnitten
2 EL	Olivenöl
1 Prise	Koriander, gemahlen
1 Prise	Kreuzkümmel, gemahlen
1 EL	Zitronensaft
4 EL	Olivenöl
	schwarzer Pfeffer, frisch gemahlen
	Meersalz

1 Für die Laibchen die Kartoffeln mit der Schale kochen, schälen und etwas abkühlen lassen. Anschließend durch die Kartoffelpresse drücken (oder mit einer Gabel zerdrücken) und den Käse beimengen. Mit Salz, Pfeffer und Muskatnuss kräftig würzen und kneten, bis der Teig geschmeidig ist. Die Laibchen formen und in einer beschichteten Pfanne in 2 Esslöffeln Öl goldgelb braten.

2 Den Spinat waschen, grobe Stiele entfernen und in reichlich Salzwasser 3–4 Minuten kochen. Mit kaltem Wasser abschrecken, dann ausdrücken. Die Zwiebel und den Knoblauch in 2 Esslöffeln Öl goldgelb anbraten. Den Spinat und die Gewürze hinzugeben, kurz garen und nochmals abschmecken.

3 Den Spinat auf zwei Tellern anrichten und die Kartoffel-Käselaibchen daraufsetzen.

laktosefrei bzw. -arm	kuhmilch-frei	hefefrei	ohne Weizen	glutenfrei
x	x	x	x	x

Asiatischer Linseneintopf

Zutaten für 2 Portionen

200 g	schwarze Linsen
1	Zwiebel, gewürfelt
2	Knoblauchzehen, fein gehackt
4 TL	frischer Ingwer, sehr fein gehackt oder gerieben
1 TL	Currypulver
1 TL	Garam Masala *)
1 Prise	Chili (nach Geschmack)
150 g	Blumenkohlröschen (Karfiol)
100 g	Karotten, geschält, in Scheiben geschnitten
50 g	Chinakohl, in Streifen geschnitten
etwas	Essig
2 EL	Rapsöl
	schwarzer Pfeffer, frisch gemahlen
	Meersalz

*) indische Gewürzmischung (oder je
1 Prise gemahlener Kardamom, Zimt,
Gewürznelken, Pfeffer, Kreuzkümmel)

1 Die schwarzen Linsen in reichlich Wasser 35 Minuten kochen und abgießen.

2 In einem Topf das Öl erhitzen und die Zwiebel, den Knoblauch und den Ingwer darin einige Minuten unter Rühren anschwitzen. Currypulver, Garam Masala und Chili einrühren und mit einem halben Liter Wasser aufgießen. Aufkochen, den Blumenkohl und die Karottenscheiben in den Topf geben und 15 Minuten garen. Die Linsen, den Chinakohl und 1 Spritzer Essig hinzufügen und weitere 2 Minuten köcheln lassen.

3 Um den Eintopf sämig zu machen, mit dem Stabmixer einen Teil der Linsen-Gemüsemischung pürieren. Mit Salz, Pfeffer und etwas Essig abschmecken und anrichten.

laktosefrei bzw. -arm	kuhmilch-frei	hefefrei	ohne Weizen	glutenfrei
x	x		x	x

Sauerkrautpuffer
mit Feldsalat

Zutaten für 2 Portionen

300 g	Sauerkraut, gut ausgedrückt
160 g	Kartoffeln, gekocht
1	kleine rote Zwiebel, gehackt
1	Ei
2 EL	Mehl
2 EL	Rapsöl
1 Prise	Kümmel
80 g	Feldsalat (Vogerlsalat)
1	Ei, hart gekocht
1 EL	rote Zwiebel, fein gehackt
1 TL	Dijon-Senf
1 EL	Olivenöl
2 EL	Balsamico-Essig
	schwarzer Pfeffer, frisch gemahlen
	Meersalz

1 Die gehackte rote Zwiebel in 1 Esslöffel Rapsöl glasig schwitzen, dann in einer Schüssel mit dem ausgedrückten Sauerkraut vermischen. Die leicht abgekühlten Kartoffeln schälen und zur Sauerkraut-Zwiebelmischung reiben. Mehl und Ei gut untermengen und mit Kümmel, Salz und Pfeffer würzen.

2 Aus der Masse 4 oder 6 Puffer formen und diese in einer beschichteten Pfanne in 1 Esslöffel Rapsöl beidseitig insgesamt etwa 8 Minuten braten.

3 Für den Salat die fein gehackte rote Zwiebel mit Senf, Essig, Öl, Salz und Pfeffer zu einem Dressing verrühren. Das hart gekochte Ei schälen und hacken. Den Feldsalat mit dem Dressing vermischen und mit dem gehackten Ei bestreuen.

4 Die Sauerkrautpuffer mit dem Feldsalat anrichten.

laktosefrei bzw. -arm	kuhmilchfrei	hefefrei	ohne Weizen	glutenfrei
x	x			

Vegetarisches Curry
mit Weißkraut und Tofu

Zutaten für 2 Portionen

150 g	fester Tofu, gewürfelt
250 g	Weißkraut (Strunk entfernt), in feine Streifen geschnitten
250 g	Kartoffeln, ca. 1 cm groß gewürfelt
100 g	Tomaten, fein gewürfelt
50 g	Erbsen (TK)
1 TL	frischer Ingwer, gerieben
1 TL	Kurkuma, gemahlen
1 TL	Kreuzkümmel, gemahlen
1 Prise	Chili
½ TL	Garam Masala *)
2 EL	Rapsöl
	Meersalz

*) indische Gewürzmischung (oder je 1 Prise gemahlener Kardamom, Zimt, Gewürznelken, Pfeffer, Kreuzkümmel)

1 Das Öl in einem Topf mit schwerem Boden erhitzen und die Kartoffelwürfel darin hellbraun braten. Herausnehmen und im verbliebenen Öl das Weißkraut kurz anbraten. Sämtliche Gewürze (ausgenommen Garam Masala) sowie die Kartoffel- und Tomatenwürfel untermischen und salzen. Knapp ein Achtel Liter Wasser hinzufügen und zugedeckt 15 Minuten bei geringer Hitze garen. Dann die Erbsen und Tofuwürfel (und evtl. ein wenig Wasser) hinzufügen und weitere 7 Minuten köcheln lassen.

2 Nochmals mit Salz abschmecken, mit Garam Masala bestreuen und servieren.

laktosefrei bzw. -arm	kuhmilch-frei	hefefrei	ohne Weizen	glutenfrei
X	X	X	X	X

Vegetarische Rosenkohl-Minestrone

Zutaten für 2 Portionen

250 g	Bohnen (z. B. Borlotti), gekocht
1	kleine Zwiebel, fein gehackt
1	Knoblauchzehe, in dünne Scheiben geschnitten
½ EL	Rosmarin, getrocknet
100 g	Karotten, in dünne Scheiben geschnitten
50 g	Lauch, längs geviertelt, dann in Segmente geschnitten
100 ml	Tomatenpüree
500 ml	Gemüsebrühe, heiß
1 Prise	Kümmel, gemahlen
1	Lorbeerblatt
150 g	Rosenkohl (Kohlsprossen), Strunkansatz entfernt, die Röschen halbiert
2 EL	Olivenöl
	schwarzer Pfeffer, frisch gemahlen
	Meersalz
60 g	Spaghetti, in kurze Stücke gebrochen

1 Das Olivenöl in einem Topf mäßig erhitzen und die Zwiebel, den Knoblauch, die Karotten und den Lauch mit dem Rosmarin etwa 10 Minuten dünsten.

2 Das Tomatenpüree und die Gemüsebrühe mit dem Lorbeerblatt und Kümmel in den Topf geben, aufkochen und zugedeckt 10 Minuten bei geringer Hitze kochen.

3 Den Rosenkohl, die Bohnen und die Pasta einrühren, salzen und pfeffern und weitere 10 Minuten garen. Der Rosenkohl sollte noch Biss haben.

4 Nochmals mit Salz und Pfeffer abschmecken und servieren.

Beachten Sie bitte die Zutaten der Suppenwürze.

laktosefrei bzw. -arm	kuhmilch-frei	hefefrei	ohne Weizen	glutenfrei
x	x			

Vegetarische Spinat-Lasagne

Zutaten für 2 Portionen

50 g	Hartkäse (Parmesan, Pecorino), frisch gerieben
2 EL	Butter
2 EL	Mehl
400 ml	Milch
1 Prise	Muskatnuss, frisch gerieben
½	Zwiebel, fein gewürfelt
1	Knoblauchzehe, fein gehackt
300 g	Blattspinat, dicke Stiele entfernt; (ersatzweise TK)
1 Prise	Koriander, gemahlen
1 Prise	Kreuzkümmel, gemahlen
1 Prise	Zitronenschale, getrocknet
1 TL	Olivenöl
400 g	Tomaten (Paradeiser) aus der Dose, gewürfelt
	schwarzer Pfeffer, frisch gemahlen
	Meersalz
100 g	Lasagneblätter
1 TL	Butter zum Ausstreichen der Form

1 Den Backofen auf 200 °C vorheizen.

2 In einem Topf bei mittlerer Hitze die Butter schmelzen, das Mehl einrühren und aufschäumen lassen. Den Topf vom Herd nehmen und kurz abkühlen lassen. Die Milch zugießen, unter Rühren aufkochen und 3 Minuten köcheln lassen. Mit Salz, Pfeffer und Muskat kräftig abschmecken, dann zur Seite stellen.

3 In einem Topf das Olivenöl auf mittlerer Stufe erhitzen. Die Zwiebel und den Knoblauch darin glasig dünsten. Den Spinat dazugeben, unter Rühren zusammenfallen lassen, mit Salz, Pfeffer, Koriander, Kreuzkümmel und Zitronenschale würzen.

4 Eine große, flache, rechteckige Auflaufform fetten. Den Boden mit etwas heller Sauce ausgießen und mit Lasagneblättern auslegen, sie dürfen nicht überlappen. Darauf etwas Spinat verteilen, mit Tomatenstücken und etwas Käse bestreuen, mit etwas Sauce begießen und mit Lasagneblättern abdecken. Mehrere Lagen auf diese Weise schichten. Die letzte Schicht besteht aus Lasagneblättern, Sauce und Käse. Im Backofen etwa 25 Minuten backen und sofort servieren.

laktosefrei bzw. -arm	kuhmilch-frei	hefefrei	ohne Weizen	glutenfrei
		X		

541 kcal I 24 g F I 4,1 BE

Anhang

Die Nährwerte der Rezepte im Detail

Die Nährwerte der Rezepte im Detail

Wok-Huhn mit Jungzwiebeln, Sojasprossen, Cashewkernen und Basmati-Naturreis
Mediterranes Hühnerfilet mit geschmortem Paprika und Polenta-Taler
Gebratene Hühnerbrust, Zucchininudeln und Vollkorn-Bulgur mit Champignons
Hühnerfilet mit Safrangemüse und Kartoffeln
Rindersteak mit gebratenen Pilzen, jungem Spinat und Kartoffelspalten
Lammkaree mit Quinoa-Erbsen-Salat
Schweinefilet mit Mangold-Kartoffeln
Kaninchenfilet mit Couscous-Salat
Lachsfilet mit asiatischem Salat und Basmati-Naturreis
Gebratenes Forellenfilet mit Rhabarber-Fenchel-Risotto
Thunfisch mit Fenchel-Kartoffelpüree und Tomatenragout
Matjes mit Rote Beete-Kohlrabi-Carpaccio
Gebratenes Lachsfilet mit Spinat-Kartoffelpüree
Frühlings-Pilaw mit Dill-Fisch
Grüner Spargel mit Kapern-Kräuterdressing, kernweichem Ei und Kartoffeln
Pilz-Gemüse-Wok mit Jasminreis
Orientalischer Kichererbseneintopf mit Mangold und Karotten
Tagliatelle mit Kohlrabi-Ziegenfrischkäsecreme und Oliven
Tagliatelle mit Blumenkohl, Tomaten und Feta
Lasagnette mit Erbsencreme, Spargel und Artischocken
Truthahnfilet mit Zucchini-Kaperngemüse und Naturreis
Hühnerspieß mit Zucchini und Paprika auf Wildreis
Orientalische Hühnerroulade mit pikanten grünen Bohnen
Kalbskotelett mit Kartoffel-Grüne Bohnensalat
Rumpsteak-Tagliata mit Grillgemüse
Lammfleischbällchen mit Tomatensauce und Kräuterbulgur
Zanderfilet mit Letscho-Gemüse und Rosmarinkartoffeln
Thunfisch-Salat
Sommerlicher Fischeintopf
Goldbrasse im Ofen gebraten mit Fenchel, Kartoffeln und Tomaten
Kalmare mit gebratenem Paprika, roter Salsa und Rosmarinkartoffeln
Ziegenkäsetörtchen mit Zucchini und Tomatentartar
Mangold-Päckchen mit Schafskäse
Kartoffel-Kräuter-Laibchen mit Blattspinat und Spiegelei
Mediterraner Bohnenstrudel
Vegetarisch gefüllte Auberginen mit Tomatensauce und Bulghur
Gemüsegratin mit Kartoffeln und Feta
Lasagne mit Aubergine und Ricotta
Penne mit roher Tomatensauce und Büffelmozzarella
Tagliatelle mit Fenchel, Tomaten und Ricotta
Cidre-Huhn mit Lauch und Radicchio-Risotto
Huhn und Gemüse aus dem Gewürzsud mit Basmati-Naturreis
Aromatische Hühnerbrust mit Orangen, Fenchel und Safranreis
Rostbraten mit Rotweinzwiebeln und Pastinakenpüree
Wildschweinrücken mit Kürbisgemüse und Schupfnudeln
Rehragout mit glasierten Karotten und Polenta
Sellerie-Kartoffel-Puffer mit Räucherlachs und Feldsalat
Jakobsmuscheln mit aromatischer Kokos-Lauchsauce auf Reisnudeln
Fischfilet in pikanter Kruste mit grünen Bohnen und Kartoffelspalten
Lachsfilet mit pfannengerührtem Brokkoli und asiatischem Püree
Kabeljau im Brikteig mit Kartoffel-Lauchgemüse
Kürbis-Curry mit Kichererbsen
Gebratene Pilze und Risotto mit Preiselbeeren
Pfannengerührtes Kraut mit gebratenem Tofu
Herbstliches vegetarisches Bohnengulasch
Vegetarische Krautrouladen mit Pilzen
Orecchiette mit Brokkoli und Schafkäse
Pasta mit Kürbis-Mangold-Sauce und Taleggio
Rotkraut-Lasagne mit Blauschimmelkäse
Penne mit Rindfleisch-Wurzelsugo
Gebratene Entenbrust auf buntem Krautsalat
Entenbrust mit süßsaurem Kürbis und Basmati-Naturreis
Thailändisches Hühnercurry (mild) mit Basmati-Naturreis
Marokkanische Hühnerbrüste mit Karotten, Aprikosen und Vollkorn-Bulgur
Schweinsmedaillons mit Apfel-Krautsalat
Schweinefilet mit Kohl, Maroni und Kartoffelschnee
Rindsrouladen mit Vollkornnudeln
Lammkaree mit arabischem Gemüse-Couscous
Borschtsch mit Lachsfilet
Zander-Krautstrudel mit Paprikasauce
Saiblingsfilet mit Rote Beete-Bulgur und Feldsalat-Meerrettich-Sauce
Garnelen mit Avocado-Mango-Salsa und Jasminreis
Gebratenes Saiblingsfilet auf Weinkraut mit Kartoffeln
Ofengemüse mit Süßkartoffeln und Ziegenkäse
Kartoffel-Käselaibchen mit würzigem Spinat
Asiatischer Linseneintopf
Sauerkrautpuffer mit Vogelsalat
Vegetarisches Curry mit Weißkraut und Tofu
Vegetarische Rosenkohl-Minestrone
Spinatlasagne

Energie			Fett			Zucker			Gesätt. Fettsäuren			Kohlenhydrate		
kcal	v. Tagesempfehlung ♀	♂	g	v. Tagesempfehlung ♀	♂	g	v. Tagesempfehlung ♀	♂	g	v. Tagesempfehlung ♀	♂	g	v. Tagesempfehlung ♀	♂
597	30%	24%	25	36%	27%	4,8	5%	4%	6,2	31%	21%	49	21%	16%
522	26%	21%	20	28%	21%	1,4	2%	1%	3,1	16%	10%	37	16%	12%
497	25%	20%	17	25%	18%	1,1	1%	1%	2,8	14%	9%	40	17%	13%
483	24%	19%	23	33%	24%	1,3	1%	1%	5,6	28%	19%	30	13%	10%
478	24%	19%	28	40%	29%	0,6	1%	1%	8,4	42%	28%	20	9%	7%
564	28%	23%	23	33%	24%	7,7	9%	6%	4,5	22%	15%	43	19%	14%
443	22%	18%	19	27%	20%	1,0	1%	1%	3,1	16%	10%	29	12%	10%
542	27%	22%	25	35%	26%	1,3	1%	1%	3,8	19%	13%	39	17%	13%
540	27%	22%	23	32%	24%	3,5	4%	3%	4,2	21%	14%	48	21%	16%
485	24%	19%	16	22%	17%	0,7	1%	1%	2,9	14%	10%	44	19%	15%
429	21%	17%	26	37%	27%	1,1	1%	1%	6,2	31%	21%	21	9%	7%
502	25%	20%	30	42%	31%	8,4	9%	7%	5,7	29%	19%	35	15%	12%
461	23%	18%	25	36%	27%	1,8	2%	2%	4,5	23%	15%	22	9%	7%
438	22%	18%	19	27%	20%	4,2	5%	4%	8,7	43%	29%	34	15%	11%
457	23%	18%	29	41%	30%	2,4	3%	2%	5,0	25%	17%	33	14%	11%
390	20%	16%	17	25%	18%	2,2	2%	2%	2,4	12%	8%	45	20%	15%
415	21%	17%	20	28%	21%	2,1	2%	2%	2,8	14%	9%	41	18%	14%
513	26%	21%	26	37%	27%	1,2	1%	1%	14,6	73%	49%	52	23%	17%
474	24%	19%	22	32%	24%	0,8	1%	1%	10,3	52%	34%	43	19%	14%
479	24%	19%	19	27%	20%	4,5	5%	4%	11,0	55%	37%	51	22%	17%
538	27%	22%	20	28%	21%	1,3	1%	1%	3,6	18%	12%	46	20%	15%
464	23%	19%	21	30%	22%	0,4	0%	0%	3,4	17%	11%	28	12%	9%
509	25%	20%	14	19%	14%	1,2	1%	1%	2,3	11%	8%	43	19%	14%
519	26%	21%	28	39%	29%	1,5	2%	1%	6,0	30%	20%	30	13%	10%
499	25%	20%	23	33%	24%	2,1	2%	2%	5,4	27%	18%	33	14%	11%
517	26%	21%	30	43%	32%	2,1	2%	2%	10,7	54%	36%	31	14%	10%
425	21%	17%	17	24%	18%	1,5	2%	1%	2,6	13%	9%	31	14%	10%
516	26%	21%	32	46%	34%	2,1	2%	2%	7,6	38%	25%	21	9%	7%
434	22%	17%	12	17%	13%	2,5	3%	2%	1,9	10%	6%	33	14%	11%
473	24%	19%	22	32%	23%	1,1	1%	1%	3,4	17%	11%	29	13%	10%
400	20%	16%	17	24%	18%	2,0	2%	2%	2,8	14%	9%	31	14%	10%
408	20%	16%	25	36%	26%	1,6	2%	1%	8,2	41%	27%	29	12%	10%
528	26%	21%	27	38%	28%	4,5	5%	4%	8,7	44%	29%	49	21%	16%
449	22%	18%	28	39%	29%	1,4	2%	1%	4,4	22%	15%	30	13%	10%
513	26%	21%	18	25%	18%	4,2	5%	4%	2,7	14%	9%	67	29%	22%
511	26%	20%	23	32%	24%	1,8	2%	2%	8,6	43%	29%	46	20%	15%
513	26%	21%	34	49%	36%	1,0	1%	1%	11,7	59%	39%	31	13%	10%
435	22%	17%	20	29%	21%	0,5	1%	0%	9,1	45%	30%	42	18%	14%
503	25%	20%	26	37%	27%	1,2	1%	1%	11,4	57%	38%	43	19%	14%
481	24%	19%	26	37%	27%	0,8	1%	1%	6,4	32%	21%	42	18%	14%
551	28%	22%	12	17%	13%	2,3	3%	2%	2,0	10%	7%	58	25%	19%
453	23%	18%	5	7%	5%	1,7	2%	1%	1,1	5%	4%	52	23%	17%
527	26%	21%	21	30%	22%	3,2	4%	3%	5,5	28%	18%	41	18%	14%
503	25%	20%	17	24%	18%	10,2	11%	9%	4,5	22%	15%	31	13%	10%
521	26%	21%	23	33%	24%	2,4	3%	2%	7,1	35%	24%	34	15%	11%
524	26%	21%	17	24%	17%	10,1	11%	8%	6,5	33%	22%	40	17%	13%
491	25%	20%	29	41%	31%	2,7	3%	2%	4,1	20%	14%	26	11%	9%
531	27%	21%	20	29%	21%	7,4	8%	6%	12,2	61%	41%	60	26%	20%
472	24%	19%	22	31%	23%	1,1	1%	1%	3,3	16%	11%	33	14%	11%
552	28%	22%	28	40%	30%	5,8	6%	5%	8,2	41%	27%	32	14%	11%
491	25%	20%	19	27%	20%	1,3	1%	1%	2,9	14%	10%	42	18%	14%
557	28%	22%	12	17%	13%	11,8	13%	10%	2,2	11%	7%	88	38%	29%
513	26%	21%	25	35%	26%	1,0	1%	1%	7,7	39%	26%	46	20%	15%
494	25%	20%	24	34%	25%	2,1	2%	2%	2,8	14%	9%	49	21%	16%
388	19%	16%	12	17%	13%	3,5	4%	3%	1,4	7%	5%	46	20%	15%
431	22%	17%	17	25%	18%	1,5	2%	1%	2,7	14%	9%	62	27%	21%
520	26%	21%	25	36%	26%	1,5	2%	1%	10,3	52%	34%	45	20%	15%
551	28%	22%	26	37%	27%	1,8	2%	1%	10,3	52%	34%	48	21%	16%
586	29%	23%	26	37%	27%	2,4	3%	2%	14,8	74%	49%	55	24%	18%
527	26%	21%	15	21%	15%	3,4	4%	3%	2,9	15%	10%	49	21%	16%
542	27%	22%	37	53%	39%	7,2	8%	6%	7,4	37%	25%	18	8%	6%
542	27%	22%	23	33%	24%	4,9	5%	4%	5,8	29%	19%	42	18%	14%
504	25%	20%	18	26%	19%	4,7	5%	4%	5,9	30%	20%	43	19%	14%
524	26%	21%	13	18%	13%	12,3	14%	10%	2,0	10%	7%	56	25%	19%
453	23%	18%	29	41%	30%	2,9	3%	2%	4,6	23%	15%	14	6%	5%
529	26%	21%	21	30%	22%	5,7	6%	5%	4,7	24%	16%	37	16%	12%
530	27%	21%	19	27%	20%	3,9	4%	3%	4,1	20%	14%	38	16%	13%
554	28%	22%	26	38%	28%	5,6	6%	5%	6,5	33%	22%	40	18%	13%
510	26%	20%	25	36%	27%	11,5	13%	10%	3,7	19%	12%	35	15%	12%
522	26%	21%	18	26%	19%	1,1	1%	1%	2,5	13%	8%	41	18%	14%
549	27%	22%	19	27%	20%	19,8	22%	17%	2,7	13%	9%	56	24%	19%
569	28%	23%	24	34%	25%	11,4	13%	10%	3,5	18%	12%	50	22%	17%
412	21%	16%	14	20%	15%	1,4	2%	1%	1,7	9%	6%	25	11%	8%
502	25%	20%	27	39%	28%	13,2	15%	11%	13,7	69%	46%	43	19%	14%
474	24%	19%	30	43%	32%	1,7	2%	1%	9,1	46%	30%	33	14%	11%
196	10%	8%	11	15%	11%	2,2	2%	2%	1,3	6%	4%	17	7%	6%
359	18%	14%	23	32%	24%	1,2	1%	1%	3,9	19%	13%	22	10%	7%
388	19%	16%	17	25%	18%	5,1	6%	4%	2,3	12%	8%	35	15%	12%
419	21%	17%	8	12%	9%	3,7	4%	3%	1,2	6%	4%	59	26%	20%
541	27%	22%	24	34%	25%	0,8	1%	1%	11,4	57%	38%	54	23%	18%

Die Nährwerte der Rezepte im Detail

Wok-Huhn mit Jungzwiebeln, Sojasprossen, Cashewkernen und Basmati-Naturreis
Mediterranes Hühnerfilet mit geschmortem Paprika und Polenta-Taler
Gebratene Hühnerbrust, Zucchininudeln und Vollkorn-Bulgur mit Champignons
Hühnerfilet mit Safrangemüse und Kartoffeln
Rindersteak mit gebratenen Pilzen, jungem Spinat und Kartoffelspalten
Lammkaree mit Quinoa-Erbsen-Salat
Schweinefilet mit Mangold-Kartoffeln
Kaninchenfilet mit Couscous-Salat
Lachsfilet mit asiatischem Salat und Basmati-Naturreis
Gebratenes Forellenfilet mit Rhabarber-Fenchel-Risotto
Thunfisch mit Fenchel-Kartoffelpüree und Tomatenragout
Matjes mit Rote Beete-Kohlrabi-Carpaccio
Gebratenes Lachsfilet mit Spinat-Kartoffelpüree
Frühlings-Pilaw mit Dill-Fisch
Grüner Spargel mit Kapern-Kräuterdressing, kernweichem Ei und Kartoffeln
Pilz-Gemüse-Wok mit Jasminreis
Orientalischer Kichererbseneintopf mit Mangold und Karotten
Tagliatelle mit Kohlrabi-Ziegenfrischkäsecreme und Oliven
Tagliatelle mit Blumenkohl, Tomaten und Feta
Lasagnette mit Erbsencreme, Spargel und Artischocken
Truthahnfilet mit Zucchini-Kaperngemüse und Naturreis
Hühnerspieß mit Zucchini und Paprika auf Wildreis
Orientalische Hühnerroulade mit pikanten grünen Bohnen
Kalbskotelett mit Kartoffel-Grüne Bohnensalat
Rumpsteak-Tagliata mit Grillgemüse
Lammfleischbällchen mit Tomatensauce und Kräuterbulgur
Zanderfilet mit Letscho-Gemüse und Rosmarinkartoffeln
Thunfisch-Salat
Sommerlicher Fischeintopf
Goldbrasse im Ofen gebraten mit Fenchel, Kartoffeln und Tomaten
Kalmare mit gebratenem Paprika, roter Salsa und Rosmarinkartoffeln
Ziegenkäsetörtchen mit Zucchini und Tomatentartar
Mangold-Päckchen mit Schafskäse
Kartoffel-Kräuter-Laibchen mit Blattspinat und Spiegelei
Mediterraner Bohnenstrudel
Vegetarisch gefüllte Auberginen mit Tomatensauce und Bulghur
Gemüsegratin mit Kartoffeln und Feta
Lasagne mit Aubergine und Ricotta
Penne mit roher Tomatensauce und Büffelmozarella
Tagliatelle mit Fenchel, Tomaten und Ricotta
Cidre-Huhn mit Lauch und Radicchio-Risotto
Huhn und Gemüse aus dem Gewürzsud mit Basmati-Naturreis
Aromatische Hühnerbrust mit Orangen, Fenchel und Safranreis
Rostbraten mit Rotweinzwiebeln und Pastinakenpüree
Wildschweinrücken mit Kürbisgemüse und Schupfnudeln
Rehragout mit glasierten Karotten und Polenta
Sellerie-Kartoffel-Puffer mit Räucherlachs und Feldsalat
Jakobsmuscheln mit aromatischer Kokos-Lauchsauce auf Reisnudeln
Fischfilet in pikanter Kruste mit grünen Bohnen und Kartoffelspalten
Lachsfilet mit pfannengerührtem Brokkoli und asiatischem Püree
Kabeljau im Brikteig mit Kartoffel-Lauchgemüse
Kürbis-Curry mit Kichererbsen
Gebratene Pilze und Risotto mit Preiselbeeren
Pfannengerührtes Kraut mit gebratenem Tofu
Herbstliches vegetarisches Bohnengulasch
Vegetarische Krautrouladen mit Pilzen
Orecchiette mit Brokkoli und Schafkäse
Pasta mit Kürbis-Mangold-Sauce und Taleggio
Rotkraut-Lasagne mit Blauschimmelkäse
Penne mit Rindfleisch-Wurzelsugo
Gebratene Entenbrust auf buntem Krautsalat
Entenbrust mit süßsaurem Kürbis und Basmati-Naturreis
Thailändisches Hühnercurry (mild) mit Basmati-Naturreis
Marokkanische Hühnerbrüste mit Karotten, Aprikosen und Vollkorn-Bulgur
Schweinsmedaillons mit Apfel-Krautsalat
Schweinefilet mit Kohl, Maroni und Kartoffelschnee
Rindsrouladen mit Vollkornnudeln
Lammkaree mit arabischem Gemüse-Couscous
Borschtsch mit Lachsfilet
Zander-Krautstrudel mit Paprikasauce
Saiblingsfilet mit Rote Beete-Bulgur und Feldsalat-Meerrettich-Sauce
Garnelen mit Avocado-Mango-Salsa und Jasminreis
Gebratenes Saiblingsfilet auf Weinkraut mit Kartoffeln
Ofengemüse mit Süßkartoffeln und Ziegenkäse
Kartoffel-Käselaibchen mit würzigem Spinat
Asiatischer Linseneintopf
Sauerkrautpuffer mit Vogerlsalat
Vegetarisches Curry mit Weißkraut und Tofu
Vegetarische Rosenkohl-Minestrone
Spinatlasagne

Brotein-heiten BE	Eiweiß g	Vitamin B1 µg	Vitamin C mg	Vitamin D ng	Vitamin E mg	ß-Carotin mg	Folsäure µg	Calcium mg	Magnesium mg	Eisen mg	Ballast-stoffe g	Choles-ter mg	n-3 Fettsäuren mg	n-6 Fettsäuren g
3,3	41	436	17	15	1,0	3,9	180	97	141	5,1	6,3	122	825	6,2
1,5	42	201	226	15	8,4	7,1	146	136	84	3,5	12,3	99	353	2,4
2,9	45	308	44	1.470	3,6	1,7	127	133	132	7,0	9,1	99	384	1,9
1,9	38	370	113	15	1,4	0,9	172	111	88	4,1	9,9	122	518	4,0
1,5	36	453	46	2.030	3,9	3,8	125	129	98	8,5	6,9	116	946	2,5
3,8	46	475	36	0	2,7	0,7	114	133	173	10,8	9,4	100	2990	2,9
1,9	38	1134	83	0	4,8	7,0	119	220	183	7,7	8,6	98	3060	1,9
2,4	40	182	167	0	7,1	1,4	105	104	125	9,5	11,1	122	5890	3,3
3,5	36	508	19	22.800	5,1	4,2	184	135	148	5,4	5,9	49	2330	5,2
3,3	36	438	83	25.200	9,0	5,3	147	214	102	6,3	7,1	79	1440	1,4
1,2	27	359	92	4.500	8,1	5,1	177	165	99	5,2	7,9	68	4440	1,6
2,5	24	134	36	27.000	3,8	0,6	124	159	95	4,6	9,8	143	3600	1,2
1,6	35	434	89	24.500	6,9	9,4	233	267	159	10,3	8,0	53	5010	1,8
2,0	32	286	39	2.010	3,0	2,6	133	194	94	4,4	10,8	106	613	1,0
1,9	17	374	67	1.760	8,1	2,0	322	187	90	5,4	8,2	238	5740	3,3
3,1	13	387	90	2.910	2,1	3,3	162	204	135	6,8	8,9	0	502	6,9
2,7	17	333	81	0	10,1	10,3	106	285	164	9,3	14,7	0	3880	3,0
3,5	18	120	36	233	1,1	0,3	84	158	50	1,9	7,1	77	425	1,0
2,9	24	204	97	285	2,3	1,2	152	421	76	3,5	8,7	34	563	1,4
3,7	25	348	35	233	3,6	1,2	193	153	79	3,5	12,0	58	273	0,8
3,1	44	316	31	15	4,4	1,0	134	135	149	6,4	4,4	90	490	2,4
1,5	41	230	102	15	5,9	2,9	119	87	101	3,9	6,2	99	335	2,3
2,6	46	381	99	15	4,7	5,6	187	297	170	8,4	9,2	99	361	1,6
1,9	37	314	46	0	2,3	0,7	153	142	105	5,6	9,5	105	518	2,6
2,1	39	443	109	0	7,1	3,6	147	140	93	7,9	9,1	105	374	2,0
1,6	30	315	86	0	4,2	3,4	173	179	106	7,5	9,1	88	561	2,5
1,9	35	384	182	300	7,8	1,3	125	93	94	3,9	10,1	105	424	1,7
1,1	34	284	113	10.000	5,2	3,4	130	164	88	4,5	8,8	84	5510	2,0
2,0	35	465	134	1.950	9,5	6,9	265	235	150	6,9	11,2	75	610	1,3
2,0	35	415	112	300	10,6	5,9	215	181	126	5,8	9,6	108	480	2,1
2,0	29	229	109	1.500	7,2	0,6	113	102	88	5,4	7,3	188	676	1,6
1,6	16	195	47	0	4,0	1,5	181	247	84	5,5	8,4	38	496	1,9
3,4	21	264	64	194	4,6	7,2	132	523	173	7,4	9,8	23	598	2,1
2,2	18	386	124	1.760	7,7	12,3	299	367	164	12,9	10,9	238	1670	3,9
4,9	17	312	77	0	6,8	4,1	206	187	106	6,4	14,0	0	396	2,1
2,7	30	264	66	225	3,6	2,3	186	794	120	5,7	14,3	27	322	1,7
1,9	19	328	88	266	6,9	4,2	218	432	95	4,5	11,0	32	518	2,5
2,9	21	158	27	235	2,2	0,8	115	310	67	2,4	7,9	94	282	1,6
3,0	23	154	45	300	3,5	1,6	131	343	66	2,5	5,1	35	318	1,5
2,9	18	291	90	85	8,7	6,0	179	357	95	5,4	8,7	69	335	2,6
4,4	42	195	32	15	2,5	1,5	109	138	89	3,5	5,1	99	256	1,4
3,2	46	349	114	15	4,8	1,5	225	200	167	5,0	9,7	99	488	1,4
3,1	37	440	90	15	6,5	4,8	136	177	135	5,4	6,7	122	341	4,1
2,0	35	377	25	0	2,5	0,1	94	116	79	6,0	7,3	105	182	1,4
1,7	44	1246	53	306	3,9	3,7	73	91	106	4,6	5,6	161	1280	3,1
2,7	37	201	9	62	2,7	9,8	34	126	79	8,6	9,2	110	397	1,4
1,9	31	308	43	22.500	6,2	3,3	108	131	75	4,0	10,0	47	8170	3,9
3,3	27	299	30	9.920	2,8	2,2	136	255	155	15,3	6,0	225	984	1,6
1,8	35	317	100	1.950	4,7	3,2	190	235	117	5,5	10,2	75	723	2,0
2,0	38	445	141	24.400	6,2	1,6	235	204	118	4,8	8,8	53	3120	4,0
2,7	36	322	103	1.950	5,0	4,3	214	288	111	6,0	9,8	75	730	1,8
5,8	22	524	71	0	6,6	7,0	110	270	220	8,8	15,3	0	1670	3,1
3,5	18	163	21	3.080	2,7	0,7	75	360	67	3,5	5,9	21	417	1,7
3,1	17	358	97	0	7,0	1,8	218	294	211	6,4	9,3	0	1530	8,3
2,9	23	329	63	0	3,3	5,6	153	181	133	7,9	21,0	0	1100	2,0
3,1	10	279	66	2.000	5,5	2,2	143	149	128	5,4	8,9	0	350	2,0
3,1	28	279	145	325	2,9	1,6	197	559	102	4,3	8,9	78	550	2,7
3,2	26	253	39	15	3,9	4,8	83	428	128	5,2	6,7	80	477	1,9
3,8	22	212	75	645	3,9	0,1	118	464	87	2,7	10,0	123	441	1,4
3,0	39	391	20	15	3,9	8,6	50	138	100	7,3	10,7	123	178	1,9
0,9	34	456	70	0	4,2	1,3	120	106	74	6,9	7,1	111	1570	10,0
2,9	40	357	21	18	1,6	2,3	53	83	119	3,7	2,4	142	849	5,2
2,5	41	316	71	14	4,4	5,4	152	105	126	4,1	7,2	93	1330	3,2
3,8	44	377	48	14	4,4	16,0	100	200	138	8,7	15,7	93	190	1,8
0,7	34	1008	54	0	7,2	0,8	127	73	66	2,7	5,6	105	2130	5,3
2,8	43	1253	74	0	6,0	0,1	203	92	88	4,2	10,1	116	851	2,8
2,2	42	620	21	0	3,9	8,7	80	168	112	8,4	12,7	109	1140	3,3
2,9	38	280	31	0	3,7	7,2	114	155	80	6,2	10,3	99	288	2,1
2,2	35	343	57	24.400	8,0	4,5	276	132	113	4,9	10,7	53	3470	3,7
2,8	36	321	118	580	7,8	0,5	147	112	93	3,7	9,0	152	1140	2,8
4,6	38	252	22	1.500	1,8	1,0	221	129	162	6,7	8,6	91	6240	2,2
3,7	37	303	69	750	8,1	4,8	104	190	103	6,9	6,1	228	1090	3,9
1,2	34	261	81	1.500	5,3	0,5	233	156	106	4,1	8,9	90	1900	2,5
3,1	21	156	48	210	5,9	12,6	203	412	77	3,8	10,8	69	399	1,3
2,5	17	291	80	190	4,4	7,1	195	410	122	7,4	8,7	23	593	2,1
0,7	8	120	48	0	2,1	4,0	95	71	47	3,3	7,1	0	662	1,7
1,5	14	194	43	1.760	4,1	1,6	111	138	61	4,0	9,5	238	1230	3,3
2,3	22	327	77	0	4,5	0,7	244	200	106	4,7	11,2	0	1120	5,2
4,1	25	391	120	0	4,2	5,6	230	185	133	7,7	20,8	0	627	1,1
4,1	27	245	60	319	3,6	6,7	150	704	134	7,0	7,6	49	484	1,3

Rezeptregister

Herbst   139

Alphabetisches Rezeptverzeichnis

Index

Die Autorin

Edith J. Kubiena

lebt mit ihrem Ehemann und ihren beiden Kindern im Burgenland, Österreich. Die frankophile Diätologin mit Kochausbildung gärtnert aus Leidenschaft (besonders Gemüse). Gutes, gesundes Essen und Genießen gehören für sie zum Alltag.

Sie arbeitet als Konsulentin für Großküchen und Ernährungsprojekte in Unternehmen in Wien, so z. B. für die Messe in der Österreichischen Nationalbank, die RSC Raiffeisen Service Center und die Erste Bank, und ist Inhaberin einer Praxis für ganzheitliche Ernährungsberatung mit den Schwerpunkten Stoffwechselprobleme, Allergien und Intoleranzen, Gewichtsmanagement sowie Ernährung gemäß der Traditionellen Chinesischen Medizin.

Klaus Kubiena

ist eigentlich Betriebswirt. Er hat für die Dauer des Kochbuchprojektes sein Hobby Kochen zu einem Zweitjob gemacht und gemeinsam mit seiner Frau die Rezepte nach ihren diätetischen Vorgaben entwickelt.

Paul Kolp

ist seit rund 20 Jahren freischaffender Fotograf (mit Schwerpunkten Mode, Lifestyle, Food) und ebensolange Freund der Familie. Er setzte die Rezepte nicht nur fotografisch um, sondern war als leidenschaftlicher Hobbykoch mit Leib und Seele an dem Projekt beteiligt.

ANHANG

Danksagung

Dass ich dieses Kochbuchprojekt überhaupt gestartet habe, verdanke ich primär Albert Gaubitzer und Gurwan Le Gac, die mich beide entscheidend dazu ermutigt haben. Ohne sie wäre es bei einem schönen Großküchenprojekt geblieben.

Dass das Buchprojekt dann tatsächlich umgesetzt wurde, wäre ohne meinen Mann nie passiert. Danke für all deine praktische Hilfe bei der Umsetzung, das Kochen, dein Feedback und deine Geduld. Ich denke, so ist es ein Buch für Frauen und Männer geworden, das nicht zu extrem, sondern gut in den Alltag integrierbar ist.

Dankbar bin ich auch meinen Kids, die jede Woche Testesser waren und mit ihrem hilfreichen Feedback z. B. meine manchmal überbordende Liebe für Gewürze und Kräuter ein wenig im Zaum gehalten haben. Danke auch dem Team von SV-Catering und allen Gästen in den Betriebsrestaurants für ihre wertvollen Rückmeldungen.

Danken möchte ich auch meinem Verleger Evert Kornmayer, der von meiner Buchidee auf Anhieb begeistert war, und dem Grafiker Heinz Hamp für die gelungene Aufbereitung der Buchidee bei der Verlegersuche.

Widmen möchte ich dieses Buch meinen Eltern. Danke für all eure Unterstützung.

WEITERE VERLAGSTITEL

Verlagstitel wurden ausgezeichnet von der Gastro-
nomischen Akademie Deutschlands (GAD):
(2009) mit der Goldmedaille
(2010) mit der Silbermedaille
(2011) mit der Silbermedaille

Sie sind Preisträger der Gourmand World Cookbook
Awards in den Kategorien:
Best Culinary History Book (2012)
Best Health and Nutrition Cookbook (2012)
Best Fund Raising Cookbook in the World (2010)
Best French Wine Book in the World - Third (2010)
Best Wine Book for Professionals (2010)
Best Book on European Wine (2010)
Best Scandinavian Cuisine Book (2010)
Special Award of the Jury (2009)
Best Culinary Travel Guide (2008)
Best Book for Family and Children (2008)
Best Book on French Wine (2007)
Best Food Literature Book (2007)
Best Wine Education Book (2007)
Best Book on European Wine (2006)
Best Health and Nutrition Cookbook (2006)
Best Book Trade Magazines for Cookbooks (2005)
Best French Cuisine Book in the World (2005)

sowie dem Hessischen Leseförderpreis (2005).

Weitere Verlagstitel finden Sie unter:
www.kornmayer-verlag.de